宮地水位伝

龍鳳神字秘典

神代文字から神界文字へ

大宮司朗 監修

八幡書店

宮地水位伝　龍鳳神字秘典

はじめに

この本は、神仙界の龍鳳文という神字を、検索をしやすいように五十音順に並べたものです。

この神聖なる文字を現界に伝えられたのは、明治の時代に肉身のまま神仙界に出入された宮地水位《みやじすいい》先生です。私たち修道の道に携わる者は宮地水位大霊寿真と申し上げております。

宮地水位先生は、幕末の嘉永四年、現在の高知県高知市の潮江《うしおえ》天満宮《てんまんぐう》の神主の家にお生まれになりました。幼名は政衛でしたが、二十一歳のとき堅磐《かきわ》と改名されました。

先生と神仙界の交渉は父の宮地常磐《ときわ》翁の代に遡ります。常磐翁は厳しい修行の末、大《おお》山祇命《やまづみのみこと》に導かれ、高知県吾川郡の神山手箱山《てばこやま》をお開きなりました。よく神界に通じて、天狗界のものを使役するほどの道力の持ち主だったそうです。

水位先生はその父の使いとして十歳のころに手箱山の神仙界に遣わされて以来、ほとんど日常的に異界と往来されるようになりました。お使いといっても、歩いて手箱山に行かれたわけではありません。常磐翁の指導のもとで最初は脱魂法で神仙界に出入され、やがて肉身のまま出入されるようになられたのです。そして青真少童君《せいしんしょうどうくん》（少名彦《すくなひこ》那命《なのみこと》）の寵愛を受け、「水位」という道号を賜りました。それは水位星という星の名に由来するものだそうです。そして川丹先生という二千数百歳の仙人を師匠として、神界の知識を学び、さまざまな神法道術を授けられました。

宮地水位の代表的な著作は『異境備忘録《いきょうびぼうろく》』です。これは先生が異界に入境したその実体験を記したもので、かつては禁断の書とされましたが、神許を得て八幡書店から筆者の監修で刊行されています。これをお読み頂けば、より本書の文字の由来について確信を得ることが出来るでしょう。同書によれば、現実界と並行して存在する彼の界には神仙界、山人界、海神界、仏仙界、天狗界などさまざまな世界が存在しますが、神仙界には現界と同じように山野もあれば河川もあり、宮殿、神社、民家などの建築物もあります。そして、人間界と同様に文字も存在します。それこそが、本書で紹介するところの龍鳳文なのです。

この神字は門人・多《た》田《だ》勝《かつ》太郎《たろう》（阿波国小松島）の屋敷に滞在中に、同人の請いに応じて書かれたものです。

それが本書の元になった『鴻濛字典《こうもうじてん》』です。これも長らく秘書になっておりましたが、『幽真界神字集纂《ゆうしんかいしんじしゅうさん》』（大宮司朗編　八幡書店）に収録されています。なにぶん水位先生も旅中のことですので、資料など手元になく、とりあえずは天地玄黄にはじまる『千字《せんじ》文《もん》』の順序に従って、一気呵成《いっきかせい》に記されたそうです。ですから、冒頭の「天」のように幾つもの異体字を記されている場合もあれば、逆にある字に関して一例も記しておられない場合もあります。

本書はその『鴻濛字典』を検索しやすいように再編したものではありますが、字そのものはそのままです。龍が跳び、鳳凰が舞い、無限の宇宙波動と共鳴するその幽玄なる神々の文字を、水位先生が霊威の筆勢でお書きになったそのままです。

従ってそれをご覧になるだけでも神界に気線を繋《つな》がれるよすがとなると確信します。そして、「光明」「玄気」「福寿」などの言葉、あるいはご自分の姓名、姓、名などをこの龍鳳神字で浄書され、机の前に置き、壁に貼り、所持するなどして、自然と神々のご加護を得て、宇宙波動の息吹を享受されるよう願う次第です。ちなみに、この龍鳳神字で「福寿光」と浄書し、それを所持することで運気が好転したという人が大勢おられることを付け加えておきます。

大宮司朗　謹記

凡例

一、本書は、宮地水位著『鴻濛字典』（八幡書店刊『幽真界神字集纂』所収）に収載された幽真界の龍鳳文字を検索しやすいように編纂したものである。

一、『鴻濛字典』は宮地水位筆によるものであるが、各龍鳳文字の横に、その字に相当する漢字が付されており、本書においては、その漢字の代表的な音読みに従って、各文字を五十音順に整列・編纂し、音読みに加えて訓読みを併記した。なお、音読み、訓読みいずれも、比較的汎用性の高いものを掲載した。

一、宮地水位により付された各龍鳳文字横の漢字には、旧字体、異体字も多く見られる。本書においては、読者に漢字と神字の相関性を視認してもらうため、水位筆の旧字体、異体字をできるかぎりそのまま掲載し、左下に新字体を併記した（左記載例参照）。但し、汎用性の高くない異体字については、適宜、使用頻度の高い字体に差し替えた。

一、虫喰いや印刷上で生じた欠けなどは補筆したが、宮地水位の筆勢を活かすことも考慮し、神字の輪郭を補正することはしなかった。

一、巻末に索引を設け、各文字の音読み・訓読み、いずれからも検索できるようにした。

【記載例】

阿

音 ア

訓 おもねる

愛

音 アイ

訓 いとおしむ・めでる

悪

音 アク・オ

訓 わるい・にくむ

安

音 アン

訓 やすい・やすらか

安

音 アン

訓 やすい・やすらか

昜

音 イ・エキ

訓 やさしい・かわる・やすい

易

爲

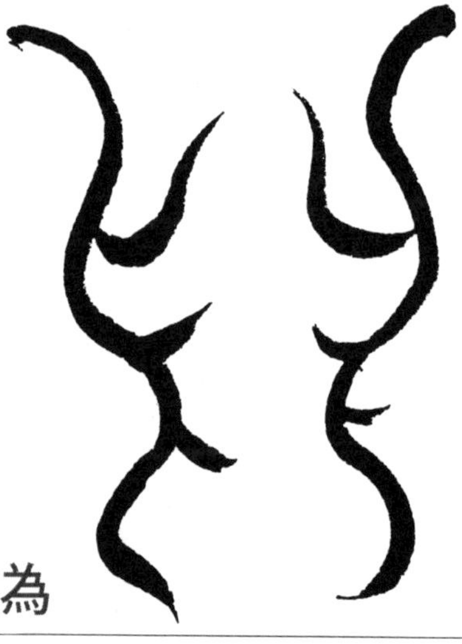

音 イ

訓 なす・ため

為

胤

音 イン

訓 たね

以

音 イ

訓 もって

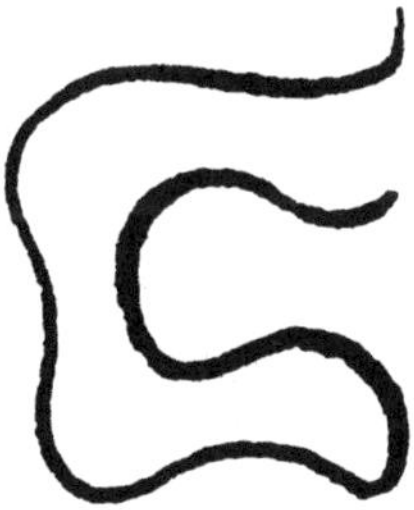

位

音 イ

訓 くらい

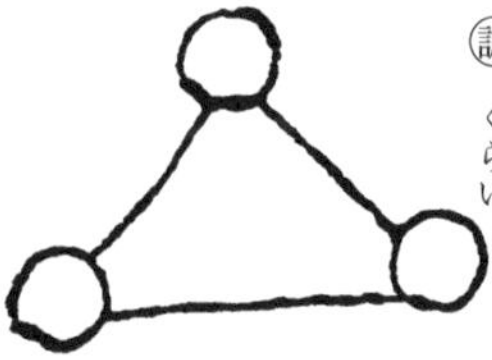

衣

音 イ

訓 ころも・きぬ

委

音 イ

訓 ゆだねる・まかす

伊

音 イ

訓 かれ・これ

易

音 イ・エキ

訓 やさしい・かわる
やすい

威

音 イ

訓 おどす

移

音 イ

訓 うつす・うつる

畏

音 イ

訓 おそれる・かしこい

異

音 イ

訓 ことなる・あやしい

惟

音 イ・ユイ

訓 これ・おもう

帷

音 イ

訓 とばり

爲

音 イ

訓 なす・ため

為

貽

音 イ

訓 のこす・おくる

爲

音 イ

訓 なす・ため

為

意

音 イ

訓 おもう・こころ

渭

音 イ

訓

煒

音 イ

訓

維

音 イ・ユイ

訓 つな・これ

謂

音 イ

訓 いう・おもう・いい

育

音 イク

訓 そだてる・はぐくむ

壹

壱

音 イチ

訓 ひとつ

逸

音 イツ・イチ

訓 それる・はやる

尹

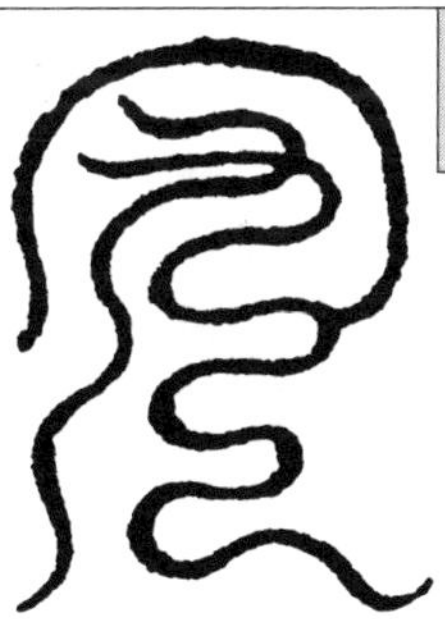

音 イン

訓 ただす・おさ

因

音 イン

訓 よる・ちなむ

殷

音 イン

訓 おおい

陰

音 イン・オン

訓 かげ・かげる

隠

隠

音 イン・オン

訓 かくす・かくれる

雲

音 ウン

訓 くも

運

音 ウン

訓 はこぶ・めぐる

右

音 ウ・ユウ

訓 みぎ・たすける

宇

音 ウ

訓 いえ

宇

音 ウ

訓 いえ

羽

音 ウ

訓 はね・は

羽

雨

音 ウ

訓 あめ・あま

禹

音 ウ

訓

鬱

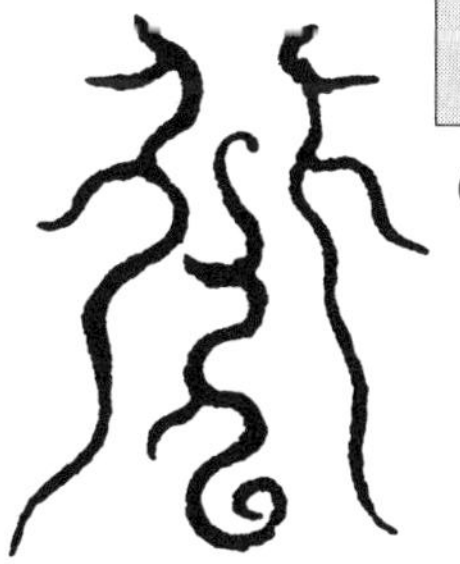

音 ウツ

訓 ふさぐ・こもる

運

音 ウン

訓 はこぶ・めぐる

云

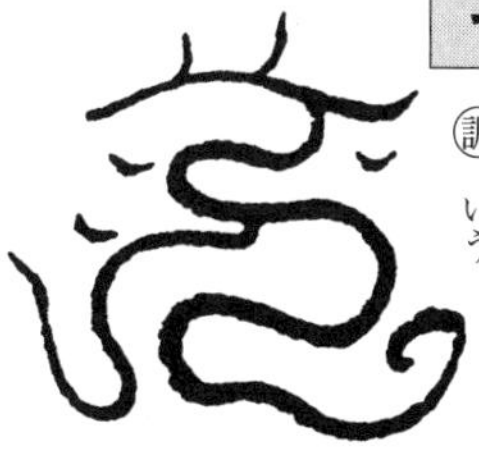

音 ウン

訓 いう

雲

音 ウン

訓 くも

英

音 エイ

訓 はなぶさ

榮

音 エイ

訓 さかえる・はえる

栄

永

音 エイ

訓 ながい

映

音 エイ

訓 うつす・はえる

英

音 エイ

訓 はなぶさ

詠

音 エイ

訓 うたう・よむ

盈

音 エイ

訓 みちる・みたす

楹

音 エイ

訓 はしら

纓

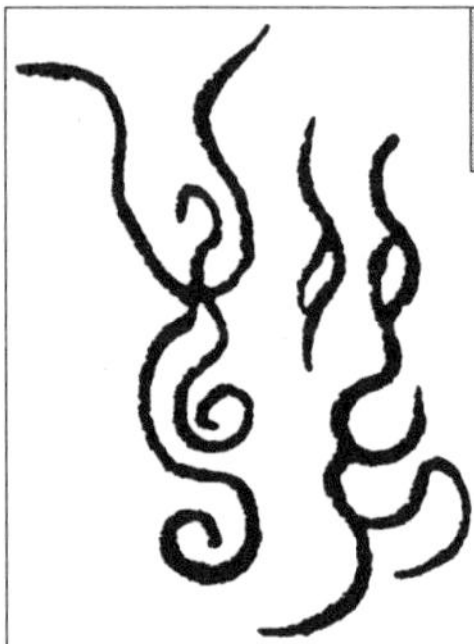

音 エイ

訓 ひも

榮

栄

音 エイ

訓 さかえる・はえる

亦

音 エキ・ヤク

訓 また

翳

音 エイ

訓 かげる

益

音 エキ・ヤク

訓 ます・ますます

營

営

音 エイ

訓 いとなむ

曰

音 エツ

訓 いわく・のたまわく

悦

音 エツ

訓 よろこぶ

奄

音 エン

訓 おおう

垣

音 エン

訓 かき

渕

淵

音 エン

訓 ふち

焉

音 エン

訓 いずくんぞ

厭

音 エン・オン

訓 いとう・あきる

筵

音 エン

訓 むしろ

縁

縁

音 エン

訓 ふち・えにし

遠

音 エン・オン

訓 とおい

燕

音 エン

訓 つばめ・さかもり

園

音 エン・オン

訓 その

圜

音 エン

訓 まるい・めぐる

屋

音 オク

訓 や

億

音 オク

訓 はかる

穏

音 オン

訓 おだやか

於

音 オ

訓 おいて

王

音 オウ

訓 きみ

往

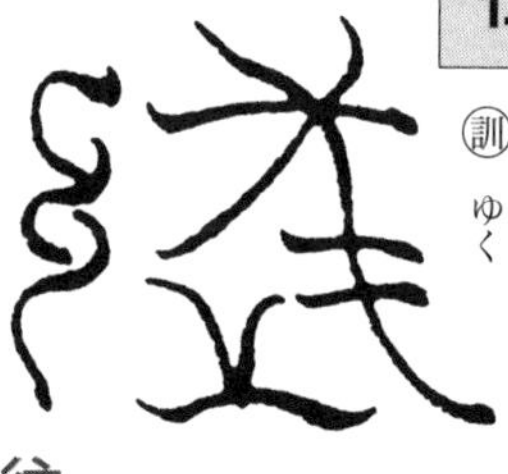

往

音 オウ

訓 ゆく

黄

音 オウ・コウ

訓 き・こ

黄

音 オウ・コウ

訓 き・こ

横

音 オウ

訓 よこ

音

音 オン・イン

訓 おと・ね

温

音 オン・ウン

訓 あたたかい・ぬくい

火

音 カ

訓 ひ・ほ

加

音 カ

訓 くわえる

家

音 カ・ケ

訓 いえ・や・うち

海

音 カイ

訓 うみ

階

音 カイ

訓 きざはし

開

音 カイ

訓 ひらく・あく

岳

音 ガク

訓 たけ

樂

音 ガク・ラク

訓 たのしい

楽

額

音 ガク

訓 ひたい・ぬかずく

官

音 カン

訓 おおやけ・つかさ

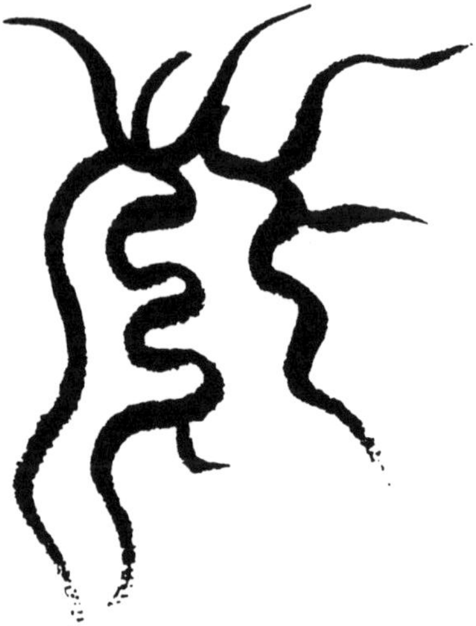

還

音 カン・ゲン

訓 かえる・かえす

岩

音 ガン

訓 いわ

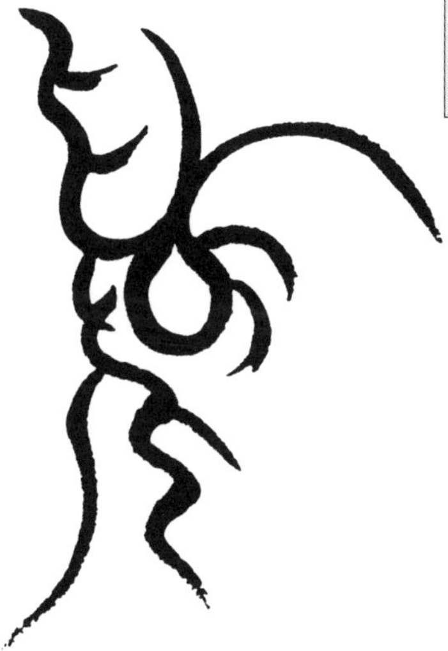

岸

音 ガン

訓 きし

何

音 カ

訓 なに・なん

火

音 カ

訓 ひ・ほ

河

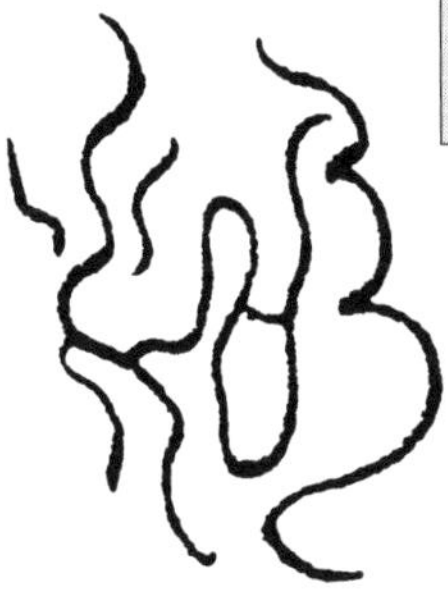

音 カ・ガ

訓 かわ

化

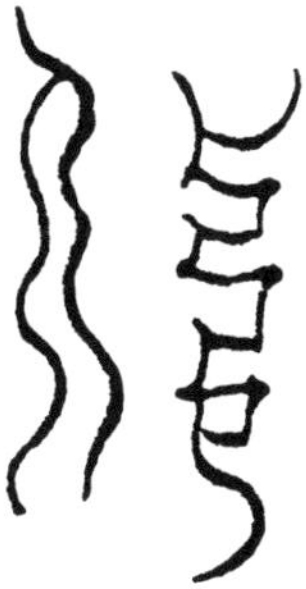

音 カ・ケ

訓 ばける・かわる

佳

音 カ

訓 よい

可

音 カ

訓 べし

夏

音 カ・ゲ

訓 なつ

家

音 カ・ケ

訓 いえ・や・うち

荷

音 カ

訓 に・になう

假

仮

音 カ・ケ

訓 かり・かりる

過

音 カ

訓 すぎる・あやまち

軻

音 カ

訓

遐

音 カ

訓 はるか・なんぞ

歌

音 カ

訓 うた・うたう

禍

音 カ

訓 わざわい・まが

寡

音 カ

訓 すくない・やもめ

嘉

音 カ

訓 よい・よみする

稼

音 カ

訓 かせぐ

華

音 カ・ケ

訓 はな・はなやか

華

雅

音 ガ

訓 みやび

我

音 ガ

訓 われ

駕

音 ガ・カ

訓 のる・のりもの

畫

音 ガ・カク

訓 え・えがく

画

回

音 カイ・エ

訓 まわる・めぐらす

芥

音 カイ・ケ

訓 あくた・からし

皆

音 カイ

訓 みな

改

音 カイ

訓 あらためる

徊

音 カイ

訓 さまよう・めぐる

海

音 カイ

訓 うみ

晦

音 カイ

訓 みそか・つごもり・くらい

槐

音 カイ

訓 えんじゅ

階

音 カイ

訓 きざはし

誡

音 カイ

訓 いましめる

解

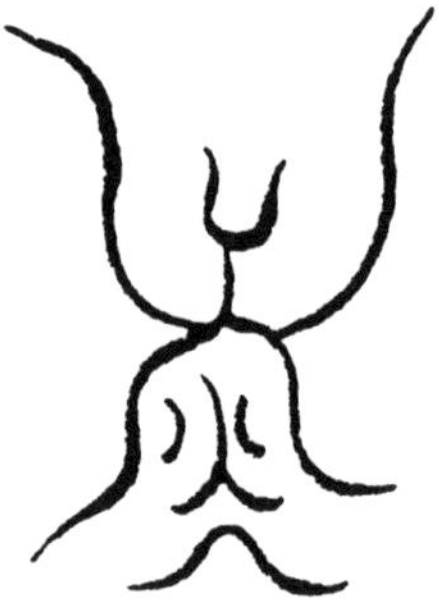

音 カイ・ゲ

訓 とく・ほつれ

懐

音 カイ・エ

訓 ふところ・なつく・いだく

會

音 カイ・エ

訓 あう

会

乂

音 ガイ

訓 かる・おさめる

外

音 ガイ・ゲ

訓 そと・はずす・ほか

豈

音 ガイ

訓 あに

蓋

音 ガイ

訓 ふた・けだし・おおう

骸

音 ガイ

訓 むくろ

駭

音 ガイ

訓 おどろく

虢

音 カク
訓 つめあと

獲

音 カク
訓 える

學

音 ガク
訓 まなぶ

学

樂

音 ガク・ラク
訓 たのしい

楽

嶽

音 ガク
訓 たけ

岳

甘

音 カン
訓 あまい

官

音 カン

訓 おおやけ・つかさ

冠

音 カン

訓 かんむり

桓

音 カン

訓

寒

音 カン

訓 さむい

敢

音 カン

訓 あえて

間

間

音 カン・ケン

訓 あいだ・ま

韓

音 カン

訓 から

感

音 カン

訓 かんじる・かまける

簡

音 カン

訓 ふだ

漢

漢

音 カン

訓 おとこ・あや・から

勧

勸

音 カン

訓 すすめる

環

音 カン

訓 たまき・わ・めぐる

観

音 カン
訓 みる

観

鹹

音 カン
訓 からい

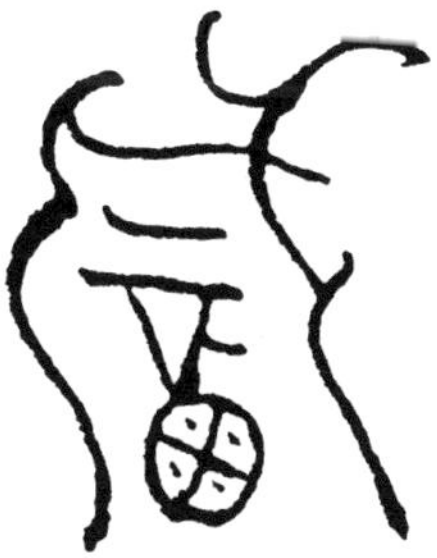

丸

音 ガン
訓 まる・まるい

歓

音 カン
訓 よろこぶ

歓

紈

音 ガン
訓 しろぎぬ・むすぶ

鑑

音 カン
訓 かがみ・かんがみる

鑑

雁

音 ガン

訓 かり

翫

音 ガン

訓 もてあそぶ

願

音 ガン

訓 ねがう

巖

音 ガン・ゲン

訓 いわ・いわお

巌

奇

音 キ

訓 あやしい・くし

鬼

音 キ

訓 おに

氣

音 キ・ケ

訓 いき

気

亀

音 キ

訓 かめ

亀

音 キ

訓 かめ

磯

音 キ

訓 いそ

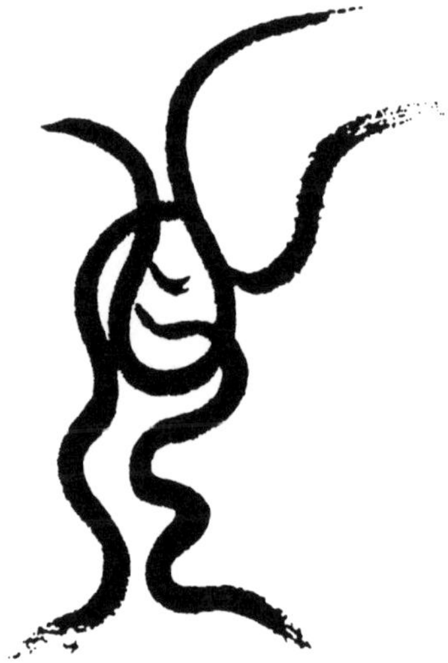

義

音 ギ

訓 よい・よし

久

音 キュウ・ク

訓 ひさしい

橋

音 キョウ

訓 はし

鏡

音 キョウ

訓 かがみ

行

音 ギョウ・コウ・アン

訓 いく・おこなう

行

音 ギョウ・コウ・アン

訓 いく・おこなう

近

音 キン

訓 ちかい・ちかづく

金

音 キン・コン

訓 かな・かね

其

音 キ

訓 それ・その

氣

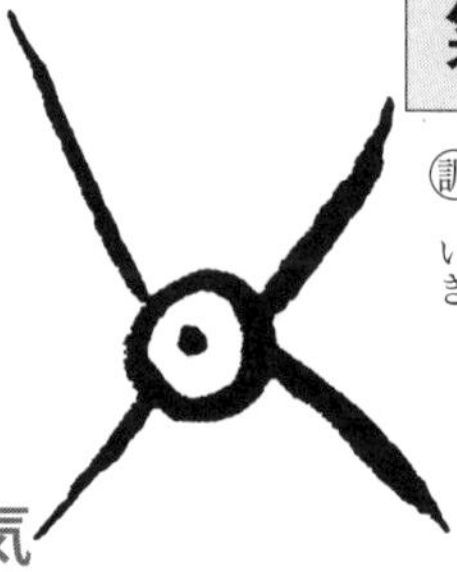

音 キ・ケ

訓 いき

気

起

音 キ

訓 おきる・たつ

氣

音 キ・ケ

訓 いき

気

飢

音 キ

訓 うえる

基

音 キ

訓 もとい・もとづく

規

音 キ

訓 のり・ただす

既

既

音 キ

訓 すでに・つくす

貴

音 キ

訓 とうとい

毀

音 キ

訓 こぼつ・やぶれる

幾

音 キ

訓 いく

暉

音 キ

訓 ひかり・かがやく

綺

音 キ
訓 あや・うつくしい

璣

音 キ
訓 たま

器

音 キ
訓 うつわ

虧

音 キ
訓 かける

機

音 キ
訓 はた

歸

帰

音 キ
訓 かえる

譏

音 キ

訓 そしる

儀

音 ギ

訓 のり

宜

音 ギ

訓 よろしい・むべ

魏

音 ギ

訓

疑

音 ギ

訓 うたがう

曦

音 ギ

訓 ひ・ひかり

鞠

音 キク

訓 まり

吉

音 キチ・キツ

訓 よい・よし

九

音 キュウ・ク

訓 ここのつ

及

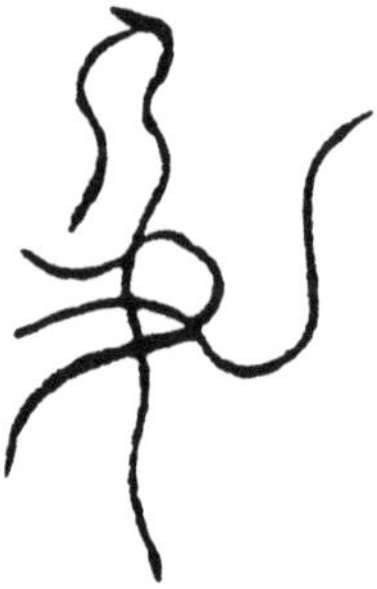

音 キュウ

訓 およぶ

求

音 キュウ・グ

訓 もとめる

宮

音 キュウ・グウ・ク

訓 みや

宮

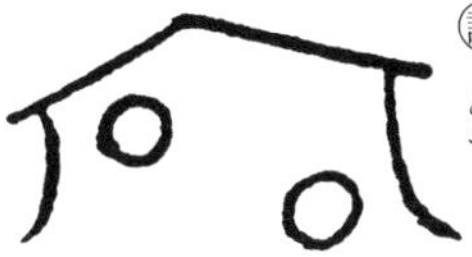

音 キュウ・グウ・ク

訓 みや

給

音 キュウ

訓 たまう

躬

音 キュウ

訓 み

躬

舊

音 キュウ・ク

訓 ふるい

旧

巨

音 キョ・コ

訓 おおきい

去

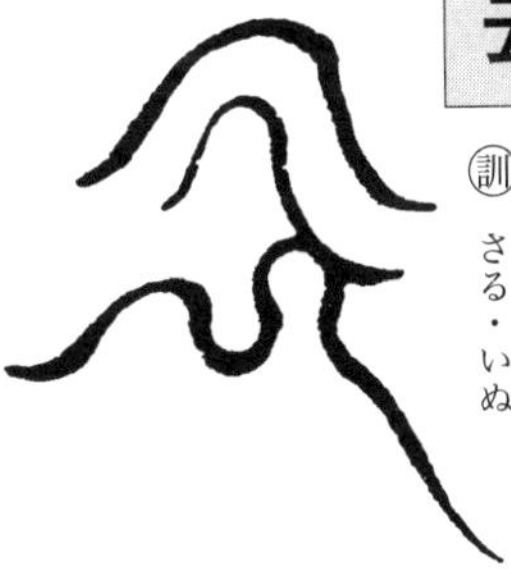

音 キョ

訓 さる・いぬ

鉅

音 キョ

訓 おおきい

居

音 キョ・コ

訓 いる・おる

據

拠

音 キョ

訓 よる・よりどころ

虚

音 キョ・コ

訓 うつろ・むなしい

擧

挙

音 キョ

訓 あげる

渠

音 キョ

魚

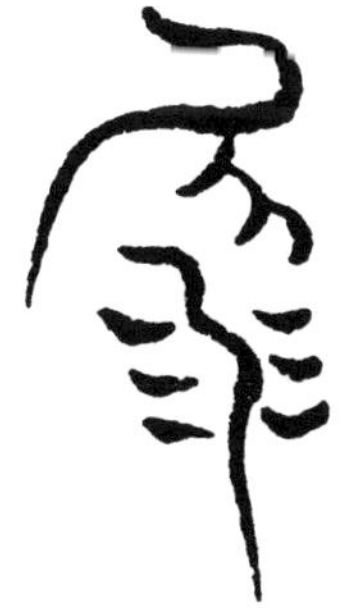

音 ギョ

訓 うお・さかな

拱

音 キョウ

訓 こまねく

匡

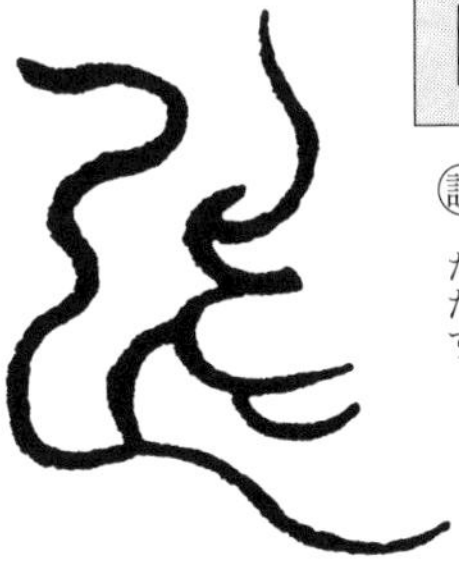

音 キョウ

訓 ただす

侠

俠

音 キョウ

訓 おとこだて・きゃん

京

音 キョウ・ケイ

訓 みやこ

矜

音 キョウ・キン

訓 あわれむ・ほこる

恭

音 キョウ

訓 うやうやしい

卿

音 キョウ・ケイ

訓 かみ・きみ

羌

羌

音 キョウ

訓 えびす

薑

音 キョウ

訓 はじかみ

竟

音 キョウ・ケイ

訓 おわる・ついに

矯

音 キョウ

訓 ためる・まげる

競

音 キョウ・ケイ

訓 きそう・せる

仰

音 ギョウ・ゴウ

訓 あおぐ・おおせ

驚

音 キョウ

訓 おどろく

曲

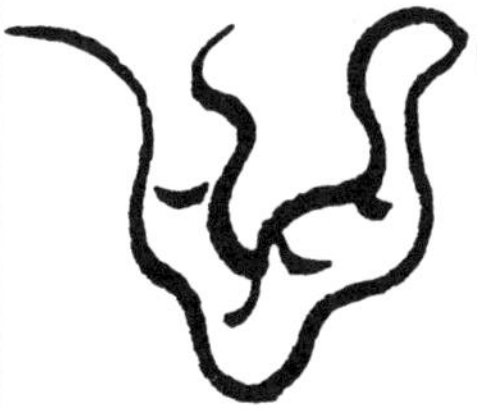

音 キョク

訓 まがる

行

音 ギョウ・コウ・アン

訓 いく・おこなう

極

音 キョク・ゴク

訓 きわめる

玉

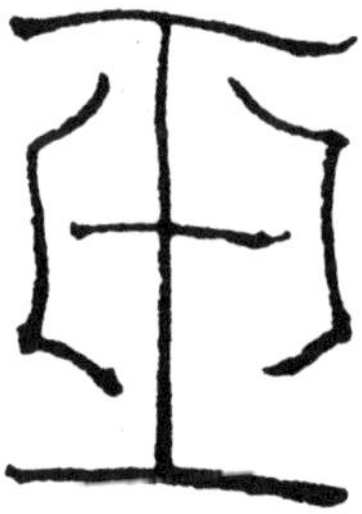

音 ギョク

訓 たま

金

音 キン・コン

訓 かね・かな

巾

音 キン

訓 はば・きれ

欣

音 キン・ゴン

訓 よろこぶ

近

音 キン

訓 ちかい・ちかづく

琴

音 キン

訓 こと

鈞

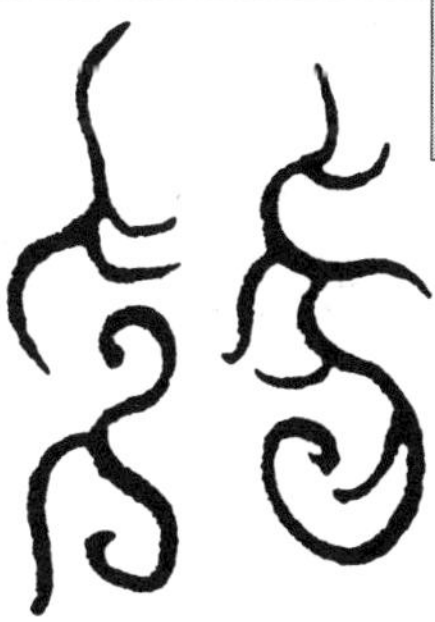

音 キン

訓 ひとしい

銀

音 ギン

訓 しろがね

禽

音 キン

訓 とり・とりこ

謹

音 キン

訓 つつしむ

矩

音 ク

訓 さしがね・のり

具

音 グ

訓 そなえる・つぶさに

駒

音 ク

訓 こま

虞

音 グ

訓 おそれ

驅

音 ク

訓 かける・かる

駆

愚

音 グ

訓 おろか

空

音 クウ

訓 そら・あく・から・むなしい

寓

音 グウ

訓 よる・やどる

君

音 クン

訓 きみ

訓

音 クン

訓 おしえ・おしえる

軍

音 グン

訓 いくさ・つわもの

郡

音 グン

訓 こおり

羣

音 グン

訓 むれ・むれる

群

經

音 ケイ・キョウ

訓 へる・たて・つね

経

見

音 ケン

訓 みる・まみえる・あらわれる

見

音 ケン
訓 みる・まみえる・あらわれる

堅

音 ケン
訓 かたい

彦

音 ゲン

訓 ひこ

彦

音 ゲン

訓 ひこ

源

音 ゲン

訓 みなもと

嚴

音 ゲン・ゴン

訓 きびしい・いず・おごそか

厳

下

音 ゲ・カ

訓 した・しも・さげる・おりる・くだる・もと

形

音 ケイ・ギョウ

訓 かたち

兄

音 ケイ・キョウ

訓 あに

涇

音 ケイ

訓

刑

音 ケイ・ギョウ

訓 のり

啓

音 ケイ

訓 ひらく

景

音 ケイ

訓 かげ

嵆

音 ケイ

訓

敬

音 ケイ・キョウ

訓 うやまう・つつしむ

傾

音 ケイ

訓 かたむく

惠

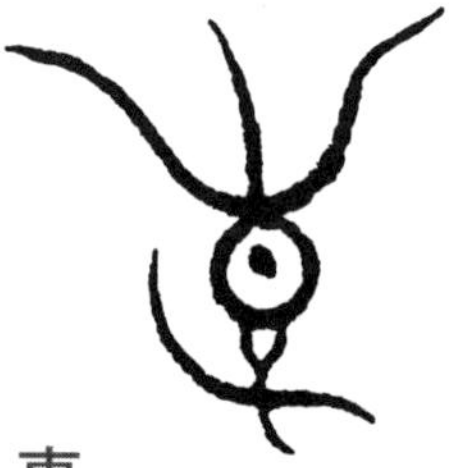

音 ケイ・エ

訓 めぐみ・めぐむ

恵

經

音 ケイ・キョウ

訓 へる・たて・つね

経

輕

音 ケイ

訓 かるい

軽

雞

音 ケイ

訓 にわとり・とり

鶏

慶

音 ケイ

訓 よろこぶ

馨

音 ケイ・キョウ

訓 かおる・かおり

谿

音 ケイ

訓 たに

渓

藝

音 ゲイ

訓 わざ・うえる

芸

結

音 ケツ

訓 むすぶ・ゆう

碣

音 ケツ

訓 いしぶみ

厥

音 ケツ

訓 その・それ

潔

音 ケツ

訓 いさぎよい

竭

音 ケツ

訓 つくす・つきる

闕

音 ケツ

訓 かける

月

音 ゲツ・ガツ
訓 つき

軒

音 ケン
訓 のき

妍

音 ケン
訓 うつくしい

釼

剣

音 ケン
訓 つるぎ

建

音 ケン・コン
訓 たてる

堅

音 ケン
訓 かたい

謙

音 ケン

訓 へりくだる

遣

音 ケン

訓 つかう・やる

玄

音 ゲン

訓 くろ

賢

音 ケン

訓 かしこい

玄

音 ゲン

訓 くろ

縣

音 ケン

訓 あがた

県

玄

音 ゲン

訓 くろ

弦

音 ゲン

訓 いと・つる

言

音 ゲン・ゴン

訓 いう・こと

嚴

音 ゲン・ゴン

訓 きびしい・いず・おごそか

厳

阮

音 ゲン

訓

虎

音 コ
訓 とら

皷

音 コ
訓 つづみ

鼓

語

音 ゴ

訓 かたる

光

音 コウ

訓 ひかり・ひかる

皇

音 コウ・オウ

訓 きみ・かみ・すめらぎ

髙

音 コウ

訓 たかい・たかまる

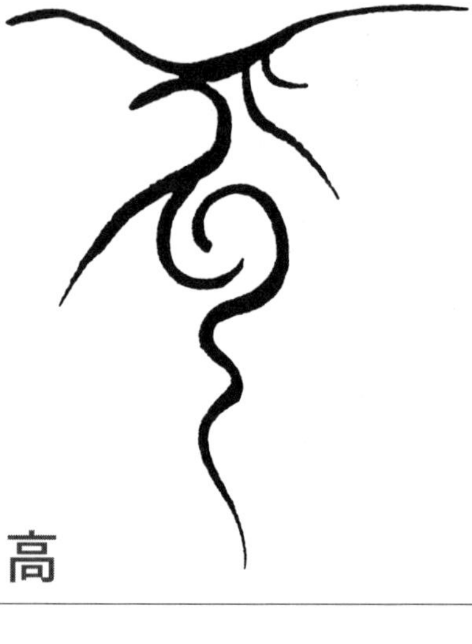

高

廣

音 コウ

訓 ひろい・ひろめる

広

國

音 コク

訓 くに

国

己

音 コ・キ

訓 おのれ・つちのと

己

音 コ・キ

訓 おのれ・つちのと

戸

音 コ

訓 と・へ

古

音 コ

訓 ふるい・いにしえ

乎

音 コ

訓 や・か

姑

音 コ

訓 しゅうとめ

故

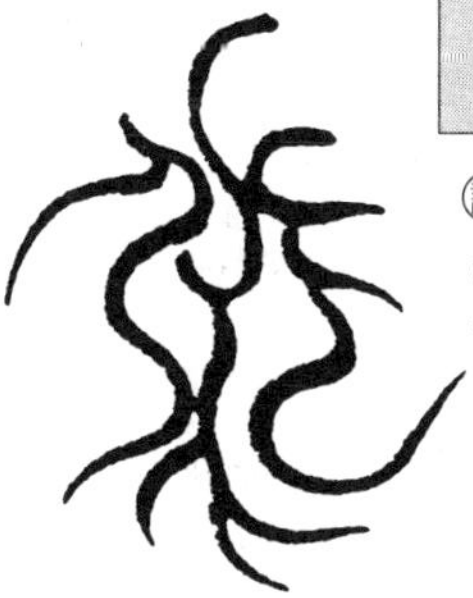

音 コ

訓 ゆえ

鼓

音 コ

訓 つづみ

祜

音 コ

訓 さいわい

顧

音 コ

訓 かえりみる

孤

音 コ

訓 みなしご

五

音 ゴ

訓 いつつ

後

音 ゴ・コウ

訓 うしろ・のち・あと

梧

音 ゴ

訓 あおぎり

御

音 ゴ・ギョ

訓 おん・み

語

音 ゴ

訓 かたる

口

音 コウ・ク

訓 くち

工

音 コウ・ク

訓 たくみ

孔

音 コウ・ク

訓 あな

公

音 コウ・ク

訓 おおやけ・きみ

甲

音 コウ

訓 きのえ・よろい

功

音 コウ・ク

訓 いさお

巧

音 コウ

訓 たくみ

交

音 コウ

訓 まじる・かわす

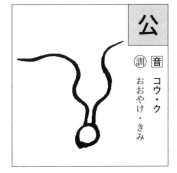

抗

音 コウ

訓 あらがう・こばむ

好

音 コウ

訓 このむ・すく・よい

岡

音 コウ

訓 おか

孝

音 コウ

訓

幸

音 コウ

訓 さいわい・さち・しあわせ

更

音 コウ

訓 さらに・ふける・かわる

荒

音 コウ

訓 あらい・すさむ

洪

音 コウ

訓 おおい

荒

音 コウ

訓 あらい・すさむ

洪

音 コウ

訓 おおい

垢

音 コウ

訓 あか

皇

音 コウ・オウ

訓 すめらぎ・きみ・かみ

皋

音 コウ

訓 さつき・さわ

效

音 コウ

訓 きく・しるし

効

高

音 コウ

訓 たかい・たかまる

羔

音 コウ・コン

訓 こひつじ

康

音 コウ

訓 やすらか

貢

音 コウ

訓 みつぐ

絳

音 コウ

訓 あか・あかい

槀

音 コウ

訓 わら

稿

煌

音 コウ

訓 きらめく・かがやく

興

音 コウ・キョウ

訓 おこる・おこす

廣

音 コウ

訓 ひろい・ひろめる

広

衡

音 コウ

訓 はかり・くびき

糠

音 コウ

訓 ぬか

號

音 ゴウ

訓 さけぶ

号

曠

音 コウ

訓 あきらか・むなしい

號

音 ゴウ

訓 さけぶ

号

合

音 ゴウ・ガッ

訓 あう

克

音 コク

訓 かつ・よく

谷

音 コク

訓 たに・きわまる

刻

音 コク

訓 きざむ・とき

國

国

音 コク

訓 くに

轂

音 コク

訓 こしき

困

音 コン

訓 こまる

昆

音 コン

訓 あに

根

音 コン
訓 ね

崑

音 コン
訓

鵾

音 コン
訓 しゃも

鶤

歳

音 サイ・セイ

訓 とし

左

音 サ

訓 ひだり・たすける

佐

音 サ

訓 たすける

沙

音 サ・シャ

訓 すな

坐

音 ザ

訓 すわる・います

才

音 サイ

訓 わずか

哉

音 サイ

訓 かな・や・か

宰

音 サイ

訓 つかさどる

祭

音 サイ

訓 まつり・まつる

菜

音 サイ

訓 な

最

音 サイ

訓 もっとも

彩

音 サイ

訓 いろどる・あや

歳

音 サイ・セイ

訓 とし

濟

済

音 サイ・セイ

訓 すむ・すくう

塞

音 サイ・ソク

訓 ふさぐ・とりで

在

音 ザイ

訓 ある・います

載

音 サイ

訓 のる

罪

音 ザイ

訓 つみ

催

音 サイ

訓 もよおす・うながす

作

音 サク・サ

訓 つくる・なす

索

音 サク

訓 なわ・もとめる

策

音 サク

訓 むち・つえ・ふだ

察

音 サツ

訓 あきらか

散

音 サン

訓 ちる

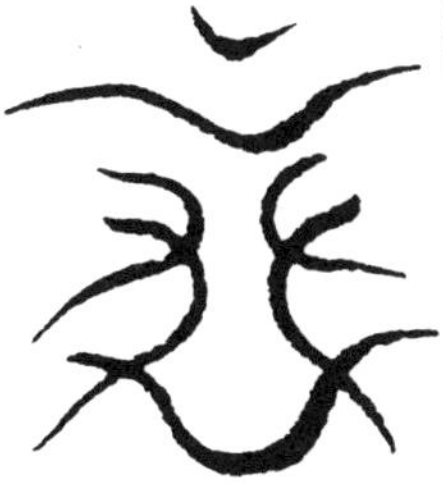

餐

音 サン

訓 のむ・くう・たべもの

讃

音 サン

訓 ほめる

斬

音 ザン

訓 きる

至

音 シ

訓 いたる

思

音 シ

訓 おもう

施

音 シ・セ

訓 ほどこす

兒

児

音 ジ

訓 こ・ちご

時

音 ジ

訓 とき

時

音 ジ

訓 とき

社

音 シャ

訓 やしろ

舎

音 シャ

訓 いえ・やど・やどる

尺

音 シャク・セキ

訓 かね・さか

守

音 シュ

訓 まもる・かみ・もり

酒

音 シュ

訓 さけ・さか

壽

音 ジュ

訓 ことぶき・ことほぐ・とし

寿

樹

音 ジュ

訓 き・うえる・たてる

宗

音 シュウ・ソウ

訓 むね・みたまや

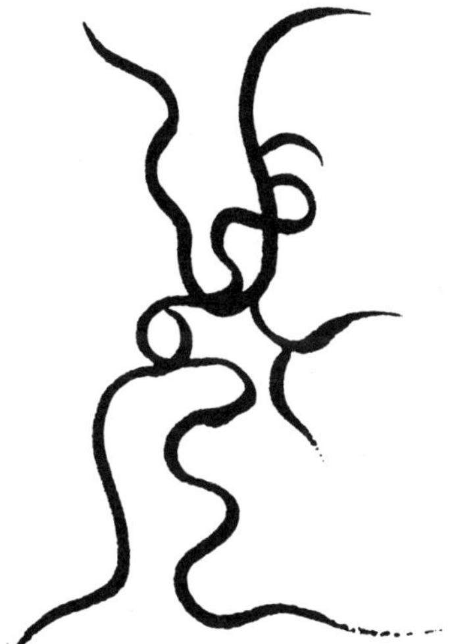

秋

音 シュウ

訓 あき・とき

春

音 シュン

訓 はる

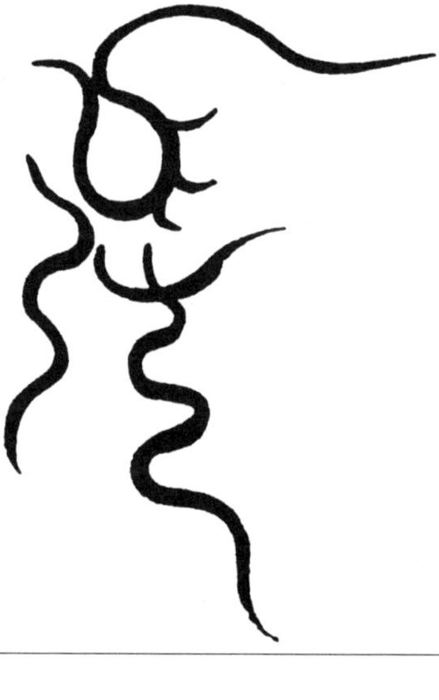

女

音 ジョ・ニョ

訓 おんな・め

助

音 ジョ

訓 たすける・すけ

昌

音 ショウ

訓 さかん

昭

音 ショウ

訓 あきらか

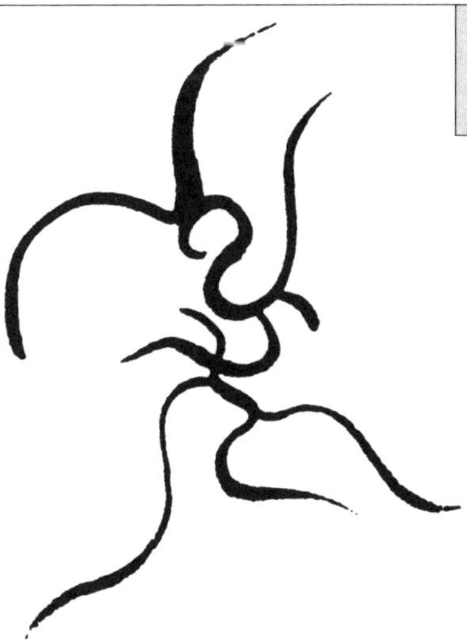

勝

音 ショウ

訓 かつ・すぐれる・まさる

衝

音 ショウ

訓 つく

シ

上

音 ジョウ・ショウ

訓 うえ・あがる・かみ・のぼる

定

音 ジョウ・テイ

訓 さだまる

常

音 ジョウ

訓 つね・とこ

職

音 ショク・シキ

訓 つかさ・つかさどる

辰

音 シン

訓 たつ

信

音 シン

訓 まこと・たより

信

音 シン

訓 まこと・たより

神

音 シン・ジン

訓 かみ・こう・かん

神

音 シン・ジン

訓 かみ・こう・かん

津

音 シン

訓 つ

陣

音 ジン
訓 つらねる・いくさ

之

音 シ

訓 ゆく・これ・この

止

音 シ

訓 とまる・やめる

子

音 シ

訓 こ・ね・み

四

音 シ

訓 よつ・よん

士

音 シ

訓 さむらい

仕

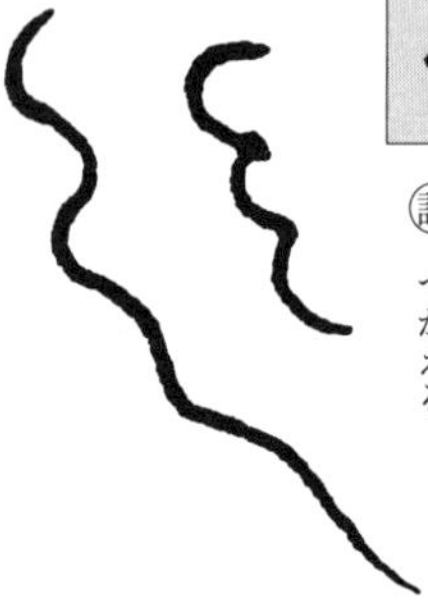

音 シ

訓 つかえる

史

音 シ

訓 ふみ

此

音 シ

訓 これ・この

市

音 シ

訓 いち

志

音 シ

訓 こころざす

矢

音 シ

訓 や

始

音 シ

訓 はじめる

使

音 シ

訓 つかう・しむ

祀

音 シ

訓 まつる

枝

音 シ

訓 えだ

思

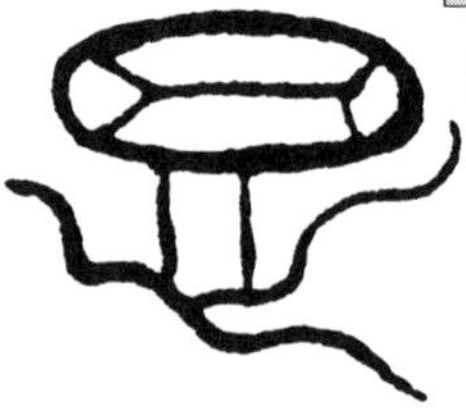

音 シ

訓 おもう

侈

音 シ

訓 おごる

茲

音 シ・ジ

訓 ここ・しげる

施

音 シ・セ

訓 ほどこす

師

音 シ

訓 みやこ・いくさ

姿

音 シ

訓 すがた

祇

音 シ

訓 つつしむ

指

音 シ

訓 ゆび・さす

紙

音 シ

訓 かみ

斯

音 シ

訓 この・ここに

詩

音 シ

訓 うた

紫

音 シ

訓 むらさき

資

音 シ

訓 たすける・もと

絲

糸

音 シ

訓 いと

肆

音 シ

訓 つらねる・みせ

嗣

音 シ

訓 つぐ

次

音 ジ・シ

訓 つぎ・つぐ

字

音 ジ

訓 あざな・あざ

自

音 ジ・シ

訓 みずから・より・おのずから

而

音 ジ

訓 しこうして

耳

音 ジ

訓 みみ・のみ

似

音 ジ

訓 にる

兒

音 ジ

訓 こ・ちご

児

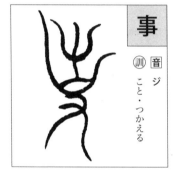

事

音 ジ

訓 こと・つかえる

恃

音 ジ

訓 たのむ

侍

音 ジ

訓 さむらい・はべる

持

音 ジ

訓 もつ

慈

音 ジ

訓 いつくしむ

辭

辞

音 ジ

訓 やめる・ことば

時

音 ジ

訓 とき

瑟

音 シツ

訓 おおごと

邇

音 ジ・ニ

訓 ちかい

漆

音 シツ

訓 うるし

車

音 シャ

訓 くるま

舎

音 シャ

訓 いえ・やど・やどる

者

音 シャ

訓 もの

射

音 シャ

訓 いる

寫

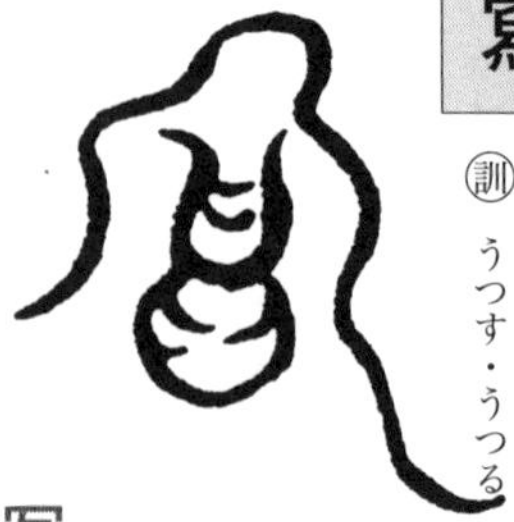

音 シャ

訓 うつす・うつる

写

謝

音 シャ

訓 あやまる

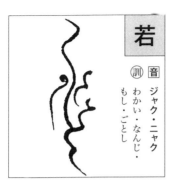

尺

音 シャク・セキ

訓 かね・さか

若

音 ジャク・ニャク

訓 わかい・なんじ・もし・ごとし

爵

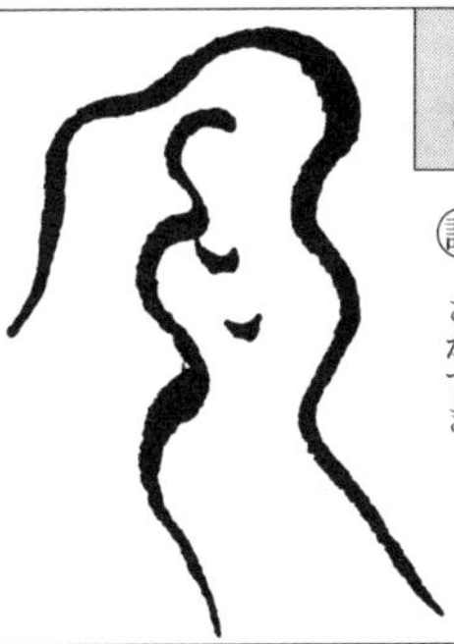

音 シャク

訓 さかずき

弱

音 ジャク

訓 よわい

釋

音 シャク・セキ

訓 ゆるす・とく

釈

寂

音 ジャク・セキ

訓 さびしい・しずか

手

音 シュ

訓 て・た

取

音 シュ

訓 とる

主

音 シュ・ス

訓 ぬし・おも・あるじ・つかさどる

首

音 シュ

訓 くび・おびと・しるし・はじめ・こうべ

守

音 シュ

訓 まもる・かみ・もり

珠

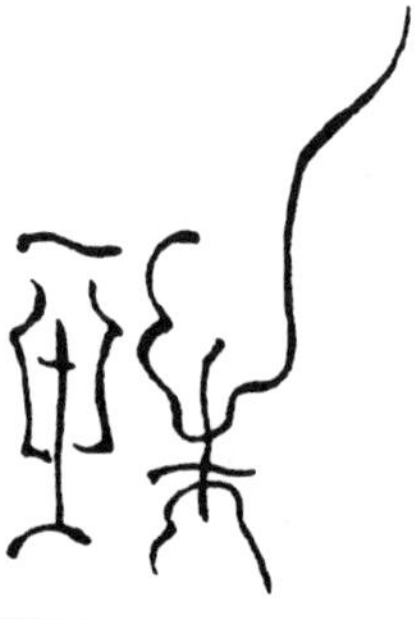

音 シュ

訓 たま

殊

音 シュ

訓 こと

樹

音 ジュ

訓 き・うえる・たてる

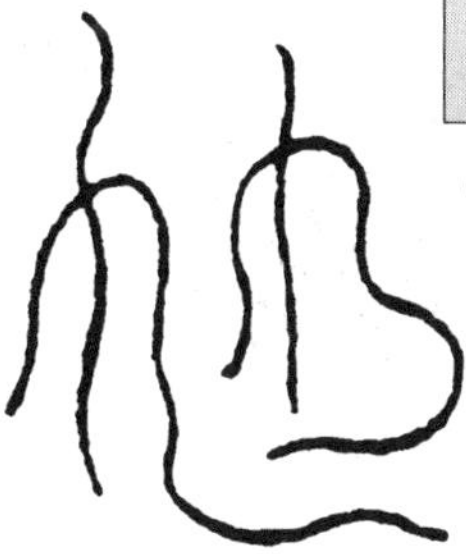

酒

音 シュ

訓 さけ・さか

収

音 シュウ

訓 おさめる

受

音 ジュ・ズ

訓 うける

収

音 シュウ

訓 おさめる

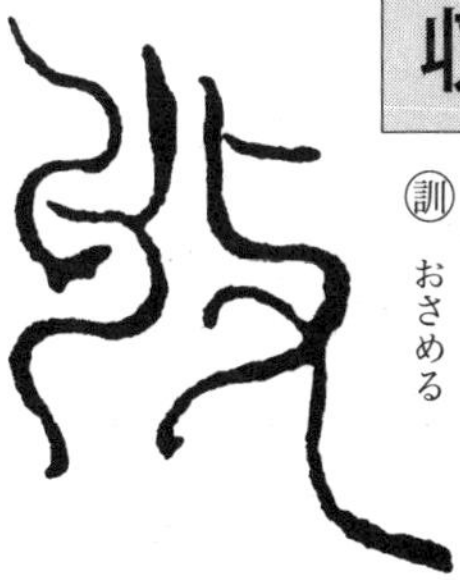

州

音 シュウ

訓 す・しま

岫

音 シュウ

訓 いわあな

周

音 シュウ

訓 まわり・あまねく・めぐる

秋

音 シュウ

訓 あき・とき

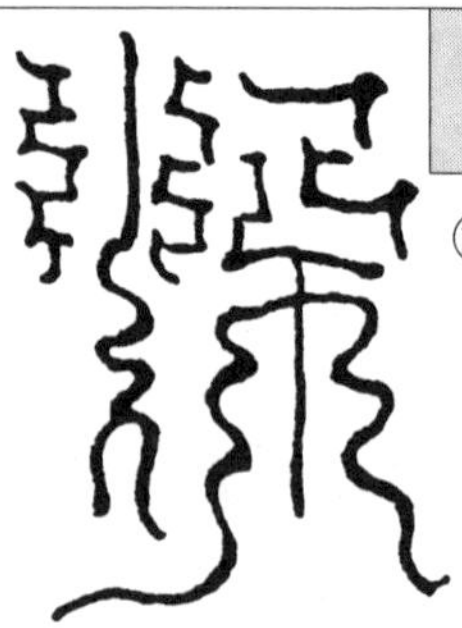

宗

音 シュウ・ソウ

訓 むね・みたまや

修

音 シュウ・シュ

訓 おさめる

習

音 シュウ

訓 ならう

集

音 シュウ

訓 あつまる・つどう

終

音 シュウ

訓 おわる・ついに

聚

音 シュウ・ジュ

訓 あつまる

執

音 シュウ・シツ

訓 とる・とらえる

戎

音 ジュウ

訓 つわもの・えびす

充

音 ジュウ

訓 あてる・みちる

獣

獣

音 ジュウ

訓 けもの・しし

重

音 ジュウ・チョウ

訓 おもい・かさねる・え

夙

音 シュク

訓 つとに・はやい

従

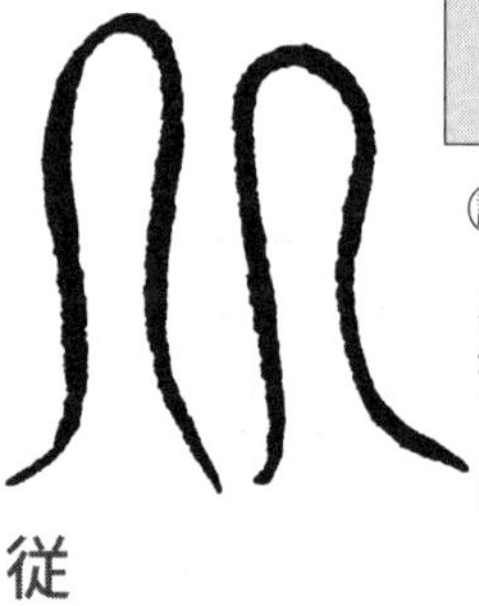

従

音 ジュウ・ジュ

訓 したがう・より

叔

音 シュク

訓 わかい

俶

音 シュク

訓 ととのえる・はじめ

孰

音 ジュク

訓 いずれ・たれ

宿

音 シュク・スク

訓 やど・やどる

熟

音 ジュク

訓 うれる・こなれる

淑

音 シュク

訓 よい・しとやか

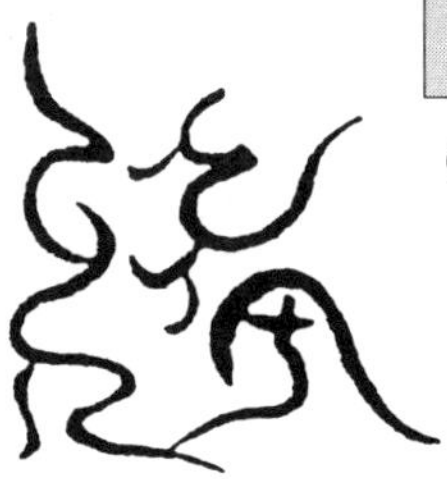

出

音 シュツ・スイ

訓 でる・だす

俊

音 シュン

訓 すぐれる

遵

音 ジュン

訓 したがう

閏

音 ジュン

訓 うるう

且

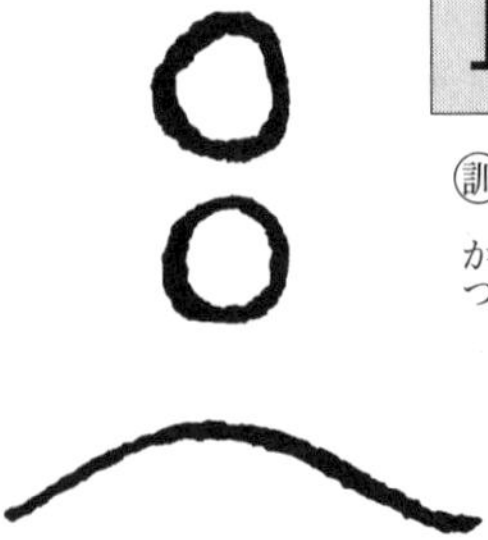

音 ショ・シャ・ソ

訓 かつ

筍

音 ジュン

訓 たけのこ

初

音 ショ

訓 はじめ・はつ・うい

所

音 ショ・ソ

訓 ところ

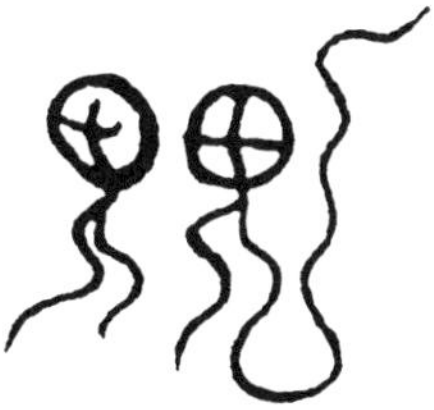

處

音 ショ

訓 ところ・おく・おる

処

書

音 ショ

訓 かく・ふみ

暑

音 ショ

訓 あつい

庶

音 ショ

訓 もろもろ・こいねがう

暑

音 ショ

訓 あつい

黍

音 ショ

訓 きび

如

音 ジョ・ニョ

訓 ごとし・しく・ゆく

諸

音 ショ

訓 もろもろ・これ

助

音 ジョ

訓 たすける・すけ

女

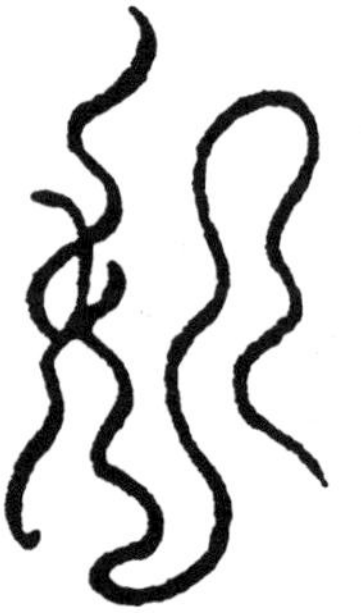

音 ジョ・ニョ

訓 おんな・め

少

音 ショウ

訓 すくない・すこし

承

音 ショウ

訓 うけたまわる

牀

音 ショウ

訓 とこ・ゆか

招

音 ショウ

訓 まねく

劭

音 ショウ

訓 つとめる

妾

音 ショウ

訓 めかけ・わらわ

松

音 ショウ

訓 まつ

省

音 ショウ・セイ

訓 かえりみる・はぶく

笑

音 ショウ

訓 わらう・えむ

称

音 ショウ

訓 はかる・となえる

章

音 ショウ

訓 しるし・あや

陞

音 ショウ

訓 のぼる

唱

音 ショウ

訓 となえる・うた

笙

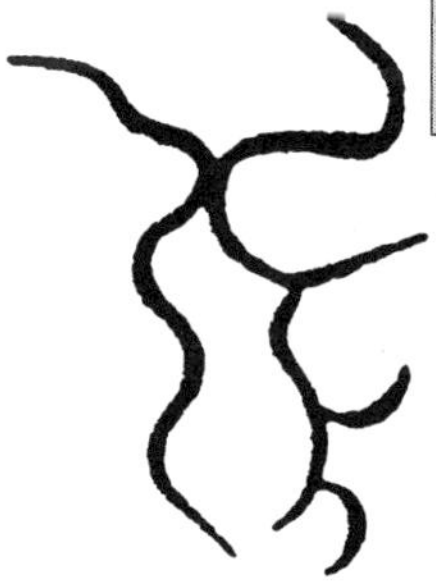

音 ショウ

訓 ふえ

逍

音 ショウ

訓 さまよう

將

将

音 ショウ

訓 ひきいる・まさに・はた

翔

音 ショウ

訓 とぶ・かける

詳

音 ショウ

訓 くわしい・つまびらか

照

音 ショウ

訓 てる・てらす

裳

音 ショウ

訓 も・もすそ

賞

音 ショウ

訓 ほめる

嘗

音 ショウ

訓 なめる・かつて

嘯

音 ショウ

訓 うそぶく

誚

音 ショウ

訓 せめる

鍾

音 ショウ

訓 かね・あつまる

シ

牆

音 ショウ

訓 かき・へい

觴

音 ショウ

訓 さかずき

上

音 ジョウ・ショウ

訓 うえ・あがる・かみ・のぼる

定

音 ジョウ・テイ

訓 さだまる

城

音 ジョウ・キ

訓 しろ

常

音 ジョウ

訓 つね・とこ

情

音 ジョウ

訓 なさけ

蒸

音 ジョウ

訓 むす

條

音 ジョウ

訓 えだ・すじ

条〔新字〕

讓

音 ジョウ

訓 ゆずる・せめる

譲

場

音 ジョウ

訓 ば

孃

音 ジョウ

訓 あがる

色

音 ショク・シキ

訓 いろ

寔

音 ショク

訓 まことに

昃

音 ショク・ソク

訓 かたむく

植

音 ショク

訓 うえる

食

音 ショク・ジキ

訓 たべる・くう

稷

音 ショク

訓 きび

燭

音 ショク

訓 ともしび

職

音 ショク・シキ

訓 つかさ・つかさどる

穡

音 ショク

訓 おしむ

辱

音 ジョク

訓 はずかしめる

心

音 シン

訓 こころ・うら

辰

音 シン

訓 たつ

臣

音 シン

訓 おみ

神

音 シン・ジン

訓 かみ・こう・かん

身

音 シン

訓 み・みずから

振

音 シン

訓 ふる

信

音 シン

訓 まこと・たより

秦

音 シン

訓 はた

眞

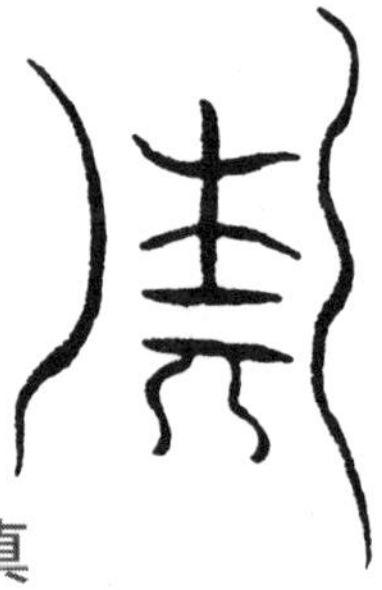

音 シン

訓 まこと・ま

真

新

音 シン

訓 あたらしい・にい

晉

音 シン

訓 すすむ

晋

愼

音 シン

訓 つつしむ

慎

深

音 シン

訓 ふかい

箴

音 シン

訓 はり・いましめ

審

音 シン

訓 つまびらか

親

音 シン

訓 おや・したしむ

薪

音 シン

訓 たきぎ

人

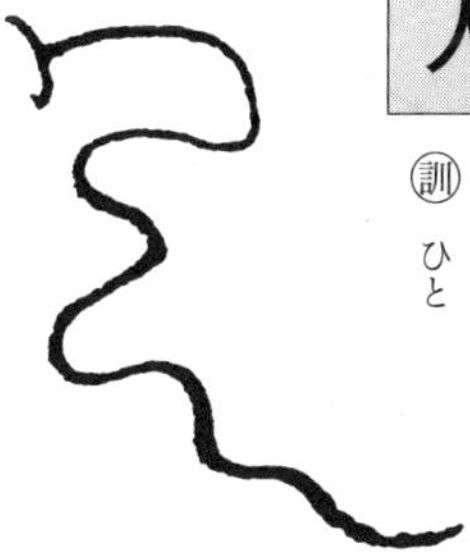

音 ジン・ニン

訓 ひと

仁

音 ジン・ニン

訓 ひと

甚

音 ジン

訓 はなはだ

尋

音 ジン

訓 たずねる・ひろ

盡

音 ジン

訓 つきる・ことごとく

尽

水

音 スイ

訓 みず

図

音 ズ・ト

訓 はかる・えがく

垂

音 スイ

訓 たれる

水

音 スイ

訓 みず

推

音 スイ

訓 おす

吹

音 スイ

訓 ふく

綏

音 スイ

訓 やすい

翠

音 スイ

訓 みどり

誰

音 スイ

訓 たれ・だれ

随

音 ズイ

訓 したがう・まにまに

随

寸

音 スン

訓 わずか・き

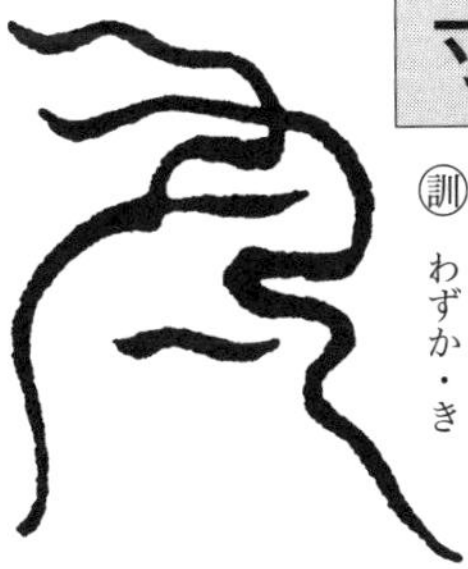

是

音 ゼ

訓 これ・この

政

音 セイ

訓 まつりごと

星

音 セイ

訓 ほし

盛

音 セイ・ジョウ

訓 もる・さかん・さかり

清

音 セイ・ショウ

訓 きよい

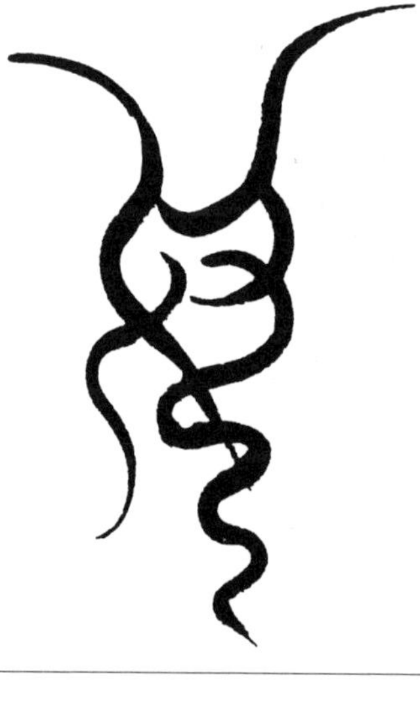

勢

音 セイ

訓 いきおい

セ

勢

音 セイ

訓 いきおい

千

音 セン

訓 ち

泉

音 セン

訓 いずみ

旋

音 セン

訓 めぐる

全

音 ゼン

訓 すべて・まったく

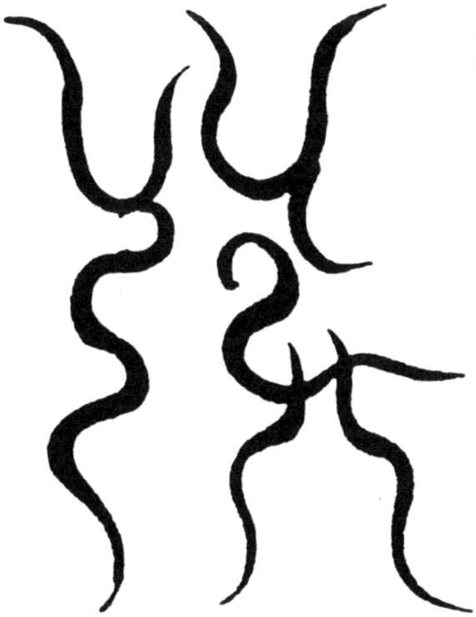

是

音 ゼ

訓 これ・この

正

音 セイ・ショウ

訓 ただしい・まさ

生

音 セイ・ショウ

訓 いきる・うまれる

世

音 セイ・セ

訓 よ

生

音 セイ・ショウ

訓 いきる・うまれる

成

音 セイ・ジョウ

訓 なる・なす

西

音 セイ・サイ

訓 にし

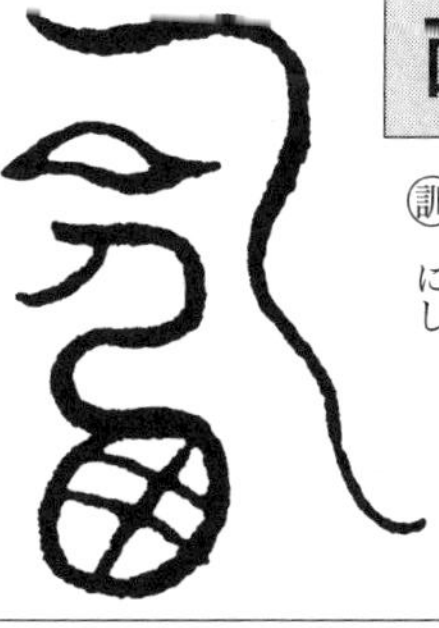

性

音 セイ・ショウ

訓 さが

制

音 セイ

訓 おさえる

青

音 セイ・ショウ

訓 あお・あおい

制

音 セイ

訓 おさえる

政

音 セイ

訓 まつりごと

星

音 セイ

訓 ほし

聖

音 セイ・ショウ

訓 ひじり

凊

音 セイ

訓 さむい・すずしい

誠

音 セイ

訓 まこと

盛

音 セイ・ジョウ

訓 もる・さかん・さかり

精

音 セイ・ショウ

訓 くわしい・こころ

靜

音 セイ・ジョウ

訓 しずか

静

聲

音 セイ・ショウ

訓 こえ

声

税

音 ゼイ

訓 みつぎ

夕

音 セキ

訓 ゆう

石

音 セキ・シャク・コク

訓 いし

赤

音 セキ・シャク

訓 あか・あかい

席

音 セキ

訓 むしろ

慼

音 セキ

訓 うれえる

戚

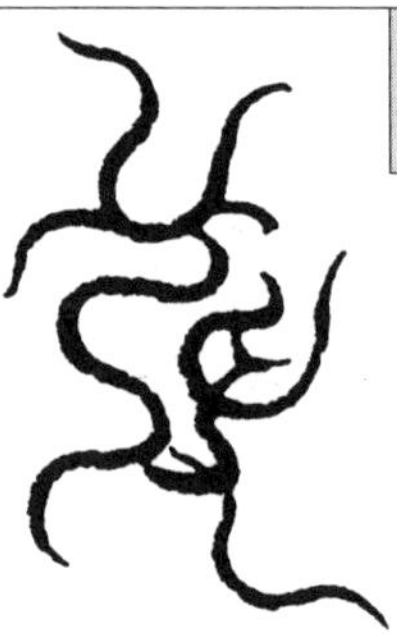

音 セキ

訓 うれえる

積

音 セキ・シャク

訓 つむ

迹

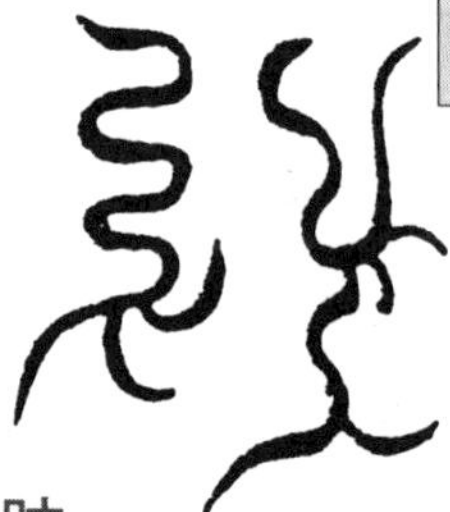

跡

音 セキ

訓 あと

藉

音 セキ

訓 しく・かりる

績

音 セキ

訓 つむぐ

接

音 セツ

訓 つぐ・まじわる

切

音 セツ・サイ

訓 きる

摂

音 セツ・ショウ

訓 とる

設

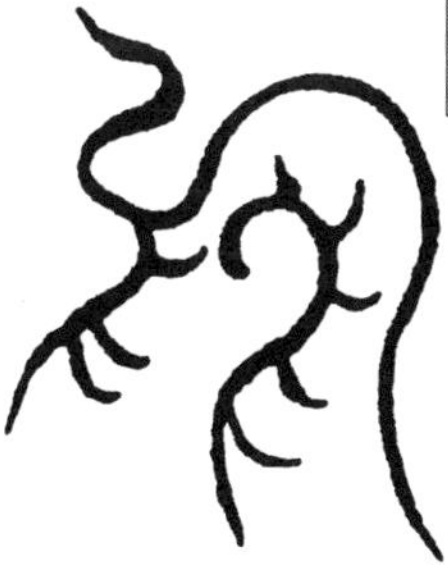

音 セツ

訓 もうける

節

音 セツ

訓 ふし

説

音 セツ・ゼイ

訓 とく・よろこぶ

仙

音 セン

訓 やまびと

川

音 セン

訓 かわ

宣

音 セン

訓 のべる・のたまう

千

音 セン

訓 ち

染

音 セン

訓 そめる・しみる

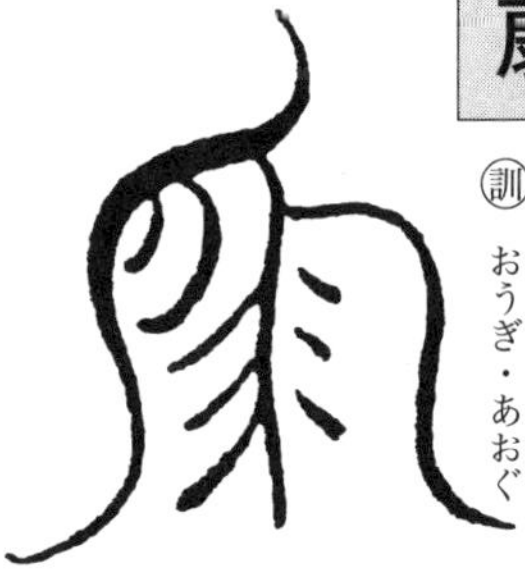

扇

音 セン

訓 おうぎ・あおぐ

賤

音 セン

訓 いやしい・やすい

牋

音 セン

訓 ふだ

踐

音 セン

訓 ふむ

潜

音 セン

訓 もぐる・ひそむ

翦

音 セン

訓 きる

璇

音 セン

訓 たま

瞻

音 セン

訓 みる

善

音 ゼン

訓 よい

膳

音 ゼン

訓 かしわで

禪

音 ゼン

訓 ゆずる

禅

祖

音 ソ

訓 おや・じじ・はじめ

村

音 ソン

訓 むら

孫

音 ソン

訓 まご

尊

音 ソン

訓 とうとい・たっとい・みこと

素

音 ソ・ス

訓 もと

楚

音 ソ

訓 いばら

組

音 ソ

訓 くむ・くみ

早

音 ソウ

訓 はやい・はやまる

疏

音 ソ・ショ

訓 さかん

草

音 ソウ

訓 くさ

相

音 ソウ・ショウ
訓 あい・たすける

想

音 ソウ
訓 おもう

奏

音 ソウ
訓 かなでる・すすめる

操

音 ソウ
訓 あやつる・みさお

荘

荘

音 ソウ・ショウ
訓 おごそか

霜

音 ソウ
訓 しも

糟

音 ソウ

訓 かす

増

音 ゾウ

訓 ます・ふえる

造

音 ゾウ

訓 つくる・みやつこ

藏

蔵

音 ゾウ

訓 くら・かくす

象

音 ゾウ・ショウ

訓 かたち・かたどる

藏

蔵

音 ゾウ

訓 くら・かくす

即

音 ソク

訓 つく・すなわち

則

音 ソク

訓 のり・すなわち・のっとる

足

音 ソク

訓 あし・たる

息

音 ソク

訓 いき・やむ

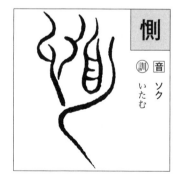

束

音 ソク

訓 たば・つか

惻

音 ソク

訓 いたむ

俗

音 ゾク

訓 ならわし・いやしい

賊

音 ゾク

訓 そこなう

屬

音 ゾク・ショク

訓 つく・やから

属

續

音 ゾク・ショク

訓 つづく

続

卒

音 ソツ・リツ

訓 ひきいる

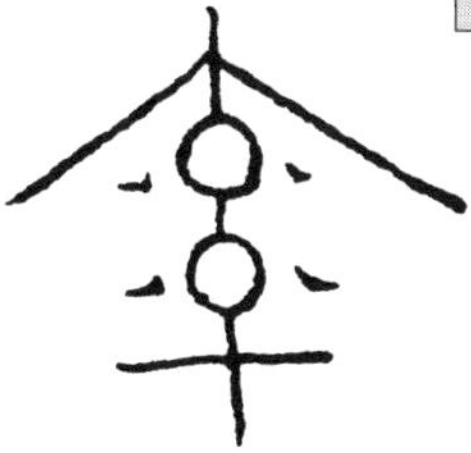

尊

音 ソン

訓 とうとい・たっとい・みこと

存

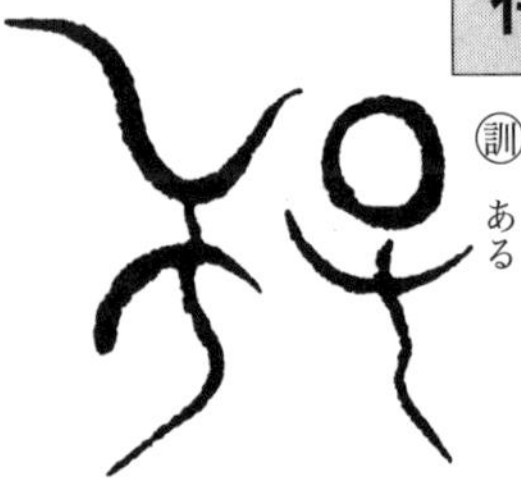

音 ゾン・ソン

訓 ある

太

音 タ・タイ

訓 ふとい・ふとる・はなはだ

多

音 タ

訓 おおい・まさに

待

音 タイ

訓 まつ

大

音 ダイ・タイ

訓 おおきい・おおいに

澤

音 タク

訓 さわ

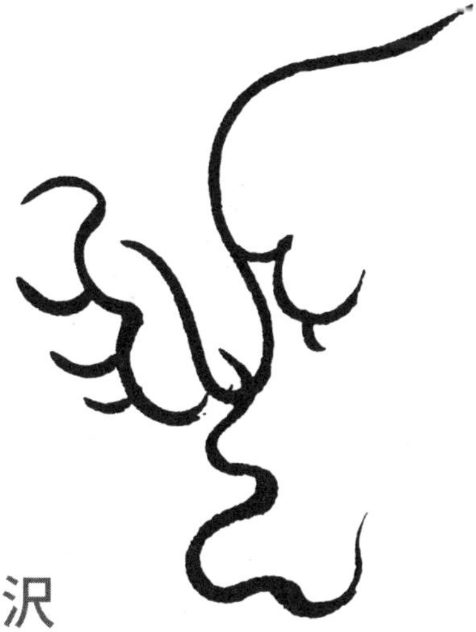

沢

男

音 ダン・ナン

訓 おとこ

多

音 タ

訓 おおい・まさに

殆

音 タイ

訓 ほとんど・あやうい

岱

音 タイ

訓

泰

音 タイ

訓 やすい

退

音 タイ

訓 しりぞく・ひく

帯

音 タイ

訓 おび・おびる

體

音 タイ・テイ

訓 からだ

体

乃

音 ダイ・ナイ

訓 の・なんじ・すなわち

大

音 ダイ・タイ

訓 おおきい・おおいに

奈

音 ダイ・ナ

訓 からなし・いかん

奈

宅

音 タク

訓 すまい

達

音 タツ

訓 たち・たつ・とおる

丹

音 タン

訓 に・あか

淡

音 タン

訓 あわい・うすい

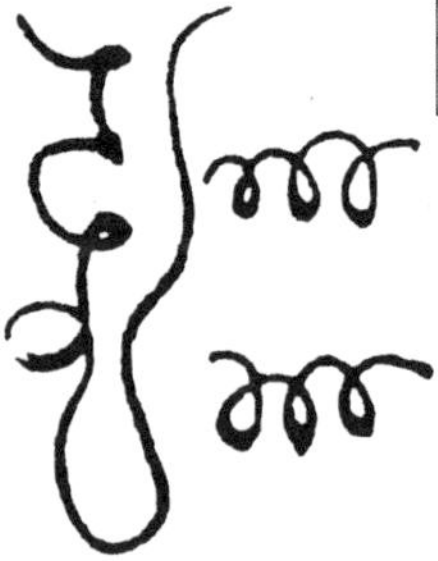

旦

音 タン

訓 あした

短

音 タン

訓 みじかい

耽

音 タン

訓 ふける

端

音 タン

訓 はし・はた

男

音 ダン・ナン

訓 おとこ

談

音 ダン

訓 かたる

地

音 チ・ジ

訓 つち

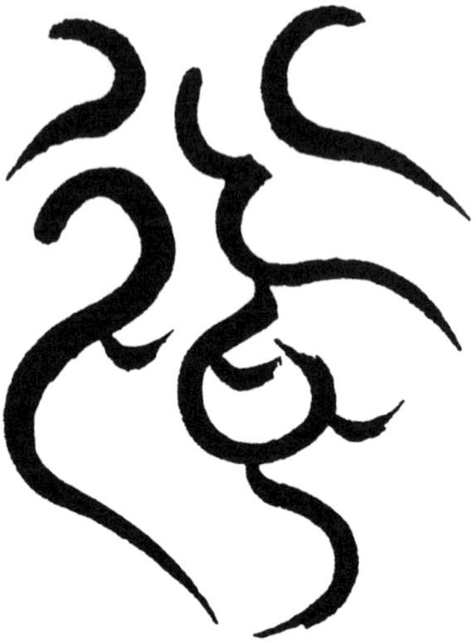

治

音 チ・ジ

訓 おさめる・なおす

兆

音 チョウ

訓 きざし・きざす

長

音 チョウ

訓 ながい・たけ・おさ

鳥

音 チョウ

訓 とり

惵

音 チョウ

訓 やすらか

地

音 チ・ジ

訓 つち

地

音 チ・ジ

訓 つち

池

音 チ

訓 いけ

知

音 チ

訓 しる

治

音 チ・ジ

訓 おさめる・なおす

致

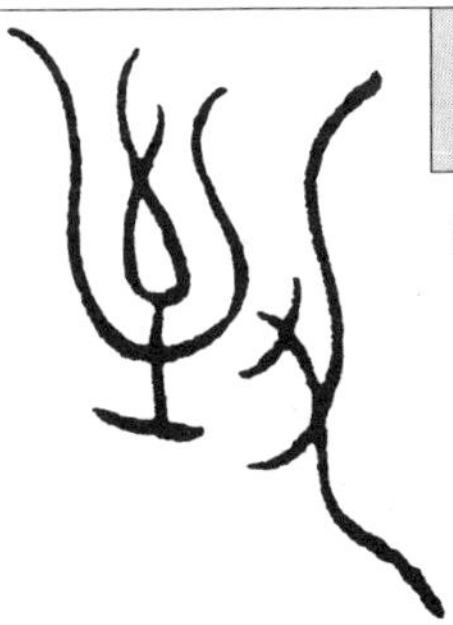

音 チ

訓 いたす

致

音 チ

訓 いたす

恥

音 チ

訓 はじ・はじる

馳

音 チ

訓 はせる

逐

音 チク

訓 おう

嫡

音 チャク・テキ

訓 よつぎ

中

音 チュウ

訓 なか・あたる

宙

音 チュウ

訓 そら

宙

音 チュウ

訓 そら

宙

音 チュウ

訓 そら

忠

音 チュウ

訓 まごころ

抽

音 チュウ

訓 ひく・ぬく

晝

音 チュウ

訓 ひる

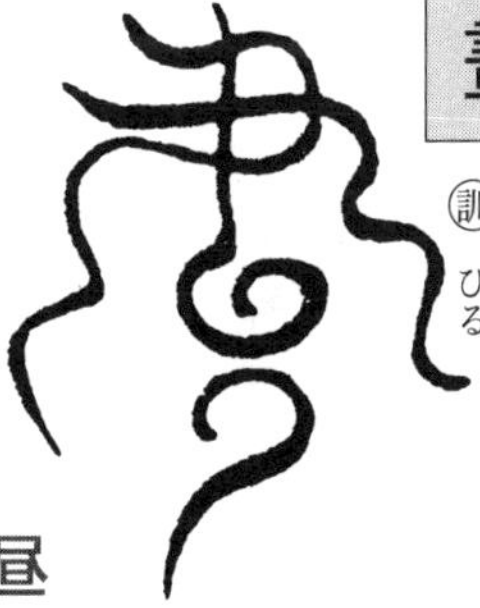

昼

誅

音 チュウ

訓 ころす・せめる

黜

音 チュツ

訓 しりぞける

丁

音 チョウ・テイ

訓 ひのと・あたる

弔

音 チョウ

訓 とむらう

長

音 チョウ

訓 ながい・たけ・おさ

張

音 チョウ

訓 はる・はり

鳥

音 チョウ

訓 とり

釣

音 チョウ

訓 つる

帳

音 チョウ

訓 とばり

眺

音 チョウ

訓 ながめる・ながめ

彫

音 チョウ

訓 ほる

朝

音 チョウ

訓 あさ・あした

超

音 チョウ

訓 こえる・こす

趙

音 チョウ

訓 こえる

腸

音 チョウ

訓 はらわた

調

音 チョウ

訓 しらべる・ととのう

牒

音 チョウ

訓 ふだ

澂

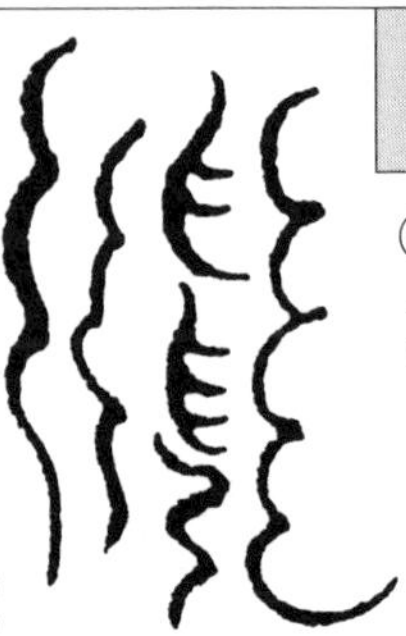

澄

音 チョウ

訓 すむ

聴

音 チョウ

訓 きく

陟

音 チョク

訓 のぼる・すすむ

寵

音 チョウ

訓 めぐむ・いつくしむ

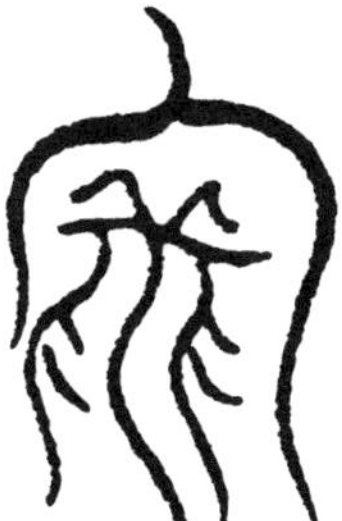

敕

音 チョク

訓 みことのり・いましめる

勅

直

音 チョク・ジキ

訓 なおす・ただちに

沈

音 チン・ジン

訓 しずむ

陳

音 チン

訓 のべる・つらねる

通

音 ツウ

訓 とおる・かよう

貞

音 テイ・ジョウ

訓 ただしい・さだ

天

音 テン

訓 あま・あめ

田

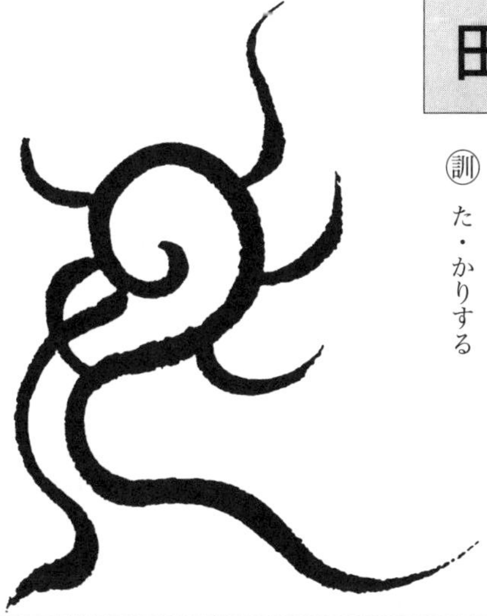

音 デン
訓 た・かりする

殿

音 デン・テン
訓 との・どの・しんがり

弟

音 テイ・ダイ

訓 おとうと

亭

音 テイ

訓 あずまや・とどまる

帝

音 テイ・タイ

訓 みかど

庭

音 テイ

訓 にわ

貞

音 テイ・ジョウ

訓 さだ・ただしい

的

音 テキ

訓 まと・あきらか

テ

適

音 テキ

訓 かなう

天

音 テン

訓 あま・あめ

天

音 テン

訓 あま・あめ

典

音 テン

訓 のり

天

音 テン

訓 あま・あめ

恬

音 テン

訓 やすらか

殿

音 デン・テン

訓 との・しんがり・どの

轉

転

音 テン

訓 ころがる

傳

伝

音 デン

訓 つたえる

顚

音 テン

訓 いただき・たおれる

田

音 デン

訓 た・かりする

套

音 トウ

訓 かさねる

登

音 トウ・ト

訓 のぼる

堂

音 ドウ
訓 たかどの

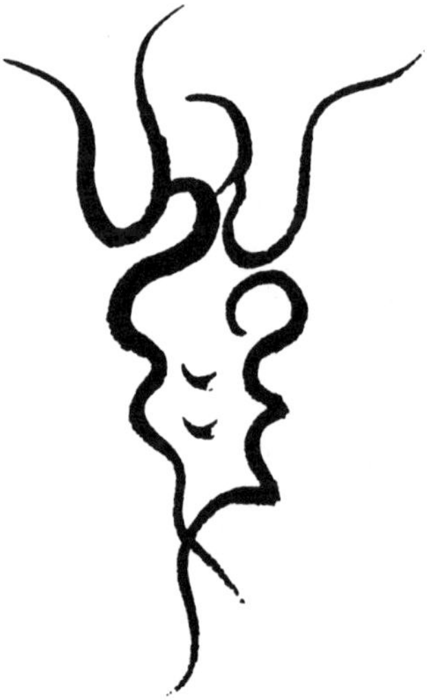

道

音 ドウ
訓 みち

導

音 ドウ

訓 みちびく

徳

徳

音 トク

訓

獨

音 ドク

訓 ひとり

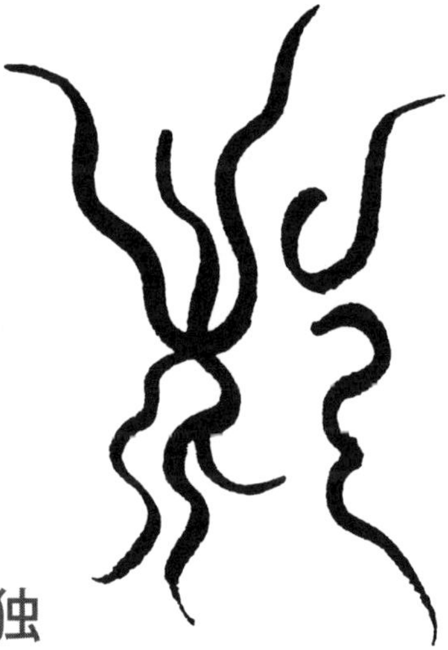

独

土

音 ド

訓 つち

杜

音 ト

訓 もり・やまなし

冬

音 トウ

訓 ふゆ

途

音 ト

訓 みち

投

音 トウ

訓 なげる

都

音 ト・ツ

訓 みやこ・すべて

東

音 トウ

訓 ひがし・あずま

荅

答

音 トウ

訓 こたえる・あずき

唐

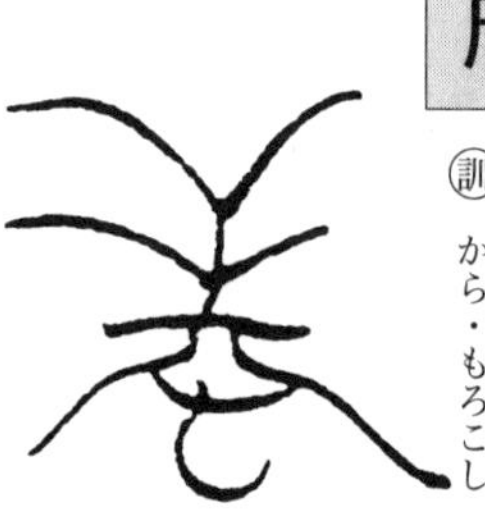

音 トウ

訓 から・もろこし

桐

音 トウ

訓 きり

陶

音 トウ

訓 すえ

盗

音 トウ

訓 ぬすむ

湯

音 トウ

訓 ゆ

等

音 トウ

訓 ひとしい・など

登

音 トウ・ト

訓 のぼる

當

音 トウ

訓 あたる・まさに

当

棠

音 トウ

訓 やまなし

騰

音 トウ

訓 あがる・のぼる

同

音 ドウ

訓 おなじ

動

音 ドウ

訓 うごく

洞

音 ドウ

訓 ほら

道

音 ドウ

訓 みち

堂

音 ドウ

訓 たかどの

特

音 トク

訓 おうし

得

音 トク

訓 える・うる

犢

音 トク

訓 こうし

德

音 トク

徳

獨

音 ドク

訓 ひとり

独

篤

音 トク

訓 あつい

讀

音 ドク・トク

訓 よむ

読

敦

音 トン

訓 あつい

頓

音 トン

訓 ぬかずく・とみに

内

音 ナイ・ダイ
訓 うち・いれる

南

音 ナン
訓 みなみ

難

音 ナン
訓 むずかしい・かたい

日

音 ニチ・ジツ

訓 ひ・か

二

音 ニ・ジ

訓 ふたつ

入

音 ニュウ・ジュ

訓 いれる・はいる

日

音 ニチ・ジツ

訓 ひ・か

任

音 ニン・ジン

訓 まかす

日

音 ニチ・ジツ

訓 ひ・か

寧

音 ネイ

訓 むしろ・やすい

熱

音 ネツ

訓 あつい

年

音 ネン

訓 とし・みのり

念

音 ネン

訓 おもう

能

音 ノウ

訓 あたう・よくする

能

音 ノウ

訓 あたう・よくする

納

音 ノウ

訓 おさめる・いれる

農

音 ノウ

訓 たがやす

嚢

音 ノウ

訓 ふくろ

馬

音 バ

訓 うま・ま

帛

音 ハク

訓 きぬ・ぬさ

八

音 ハチ・ハツ

訓 や・よう・やつ

発

音 ハツ・ホツ

訓 はなつ・あばく・たつ・おこる・ひらく

ハ

繁

音 ハン
訓 しげる

万

萬

音 バン・マン
訓 よろず

杷

音 ハ

訓 え・さらい

頗

音 ハ

訓 かたよる・すこぶる

覇

音 ハ

訓 はたがしら

沛

音 ハイ

訓 さわ・たおれる

背

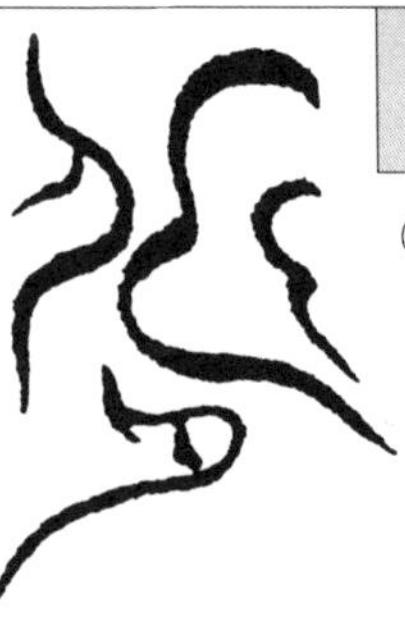

音 ハイ

訓 せ・そむく

杯

音 ハイ

訓 さかずき

裵

音 ハイ

訓 たちもとおる

伯

音 ハク

訓 おさ・かしら

陪

音 バイ・ハイ

訓 そう

伯

音 ハク

訓 おさ・かしら

白

音 ハク・ビャク

訓 しろ・もうす

魄

音 ハク

訓 たましい

薄

音 ハク

訓 うすい・すすき

莫

音 バク

訓 くれ・なかれ

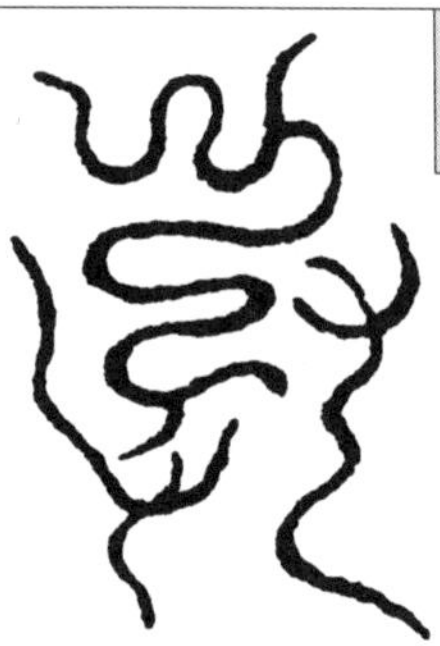

漠

音 バク

訓 すなはら・ひろい

邈

音 バク

訓 とおい

八

音 ハチ・ハツ

訓 や・よう・やつ

發

音 ハツ・ホツ

訓 はなつ・あばく・たつ・おこる・ひらく

発

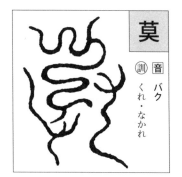

ハ

髪

音 ハツ
訓 かみ

煩

音 ハン・ボン
訓 わずらう

伐

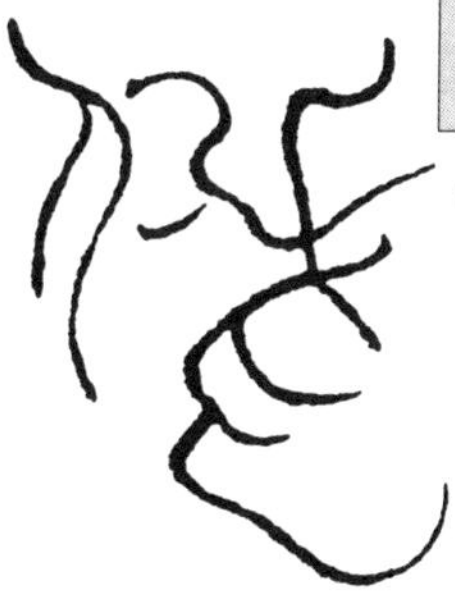

音 バツ
訓 うつ・きる

飯

音 ハン
訓 めし・いい

飯

叛

音 ハン
訓 そむく

磻

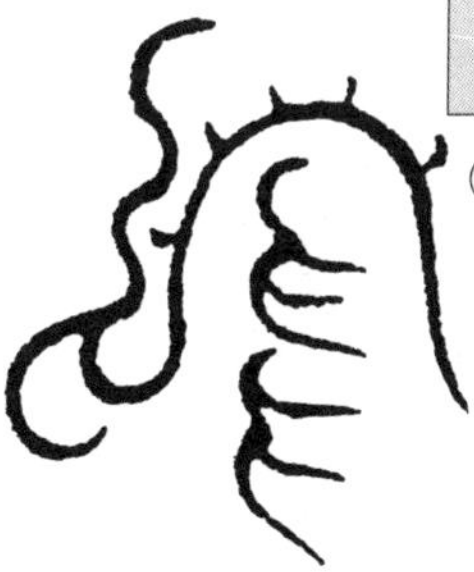

音 ハン
訓

晚

音 バン

訓 くれ・おそい

萬

万

音 バン・マン

訓 よろず

盤

音 バン

訓 おおざら

飛

音 ヒ

訓 とぶ

斐

音 ヒ・ハイ

訓 あや

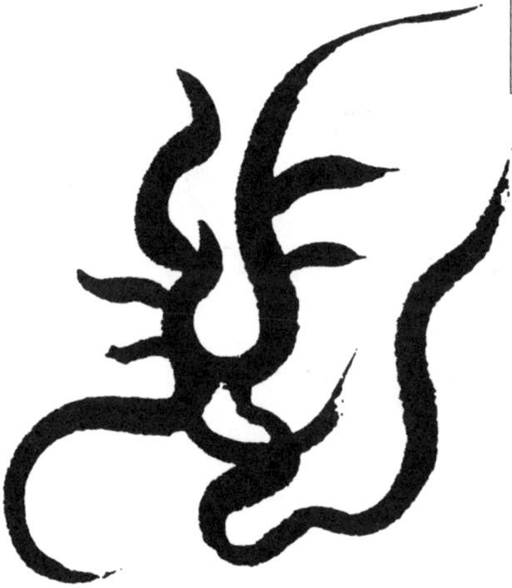

百

音 ヒャク

訓 もも

品

音 ヒン・ホン

訓 しな

比

音 ヒ

訓 くらべる・ならべる

卑

音 ヒ

訓 いやしい・ひくい

彼

音 ヒ

訓 かれ・かの

飛

音 ヒ

訓 とぶ

肥

音 ヒ

訓 こえる

被

音 ヒ

訓 こうむる・かぶる

匪

音 ヒ

訓 はこ・あらず

碑

音 ヒ

訓 いしぶみ

疲

音 ヒ

訓 つかれる

枇

音 ビ

訓 さじ・くし

悲

音 ヒ

訓 かなしい

美

音 ビ・ミ

訓 うつくしい・よい

寐

音 ビ

訓 ねる

微

音 ビ

訓 かすか・わずかに

縻

音 ビ

訓 しばる・つなぐ

靡

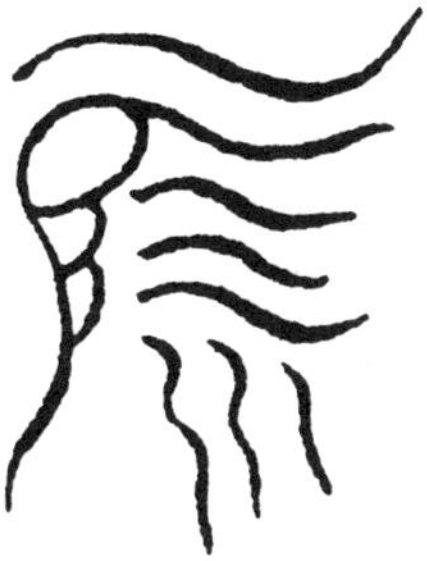

音 ビ

訓 なびく・ない

必

音 ヒツ

訓 かならず

逼

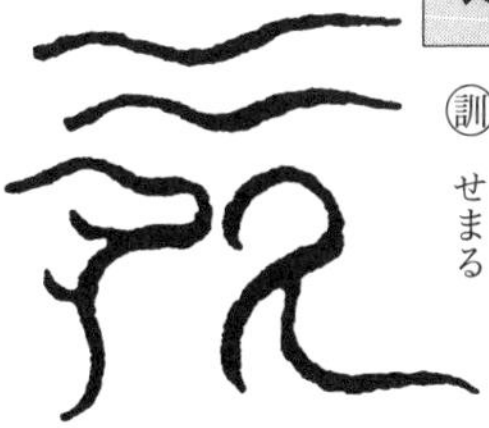

音 ヒツ

訓 せまる

筆

音 ヒツ

訓 ふで

百

音 ヒャク

訓 もも

表

音 ヒョウ

訓 おもて・あらわす

飄

音 ヒョウ

訓 ひるがえす

廟

音 ビョウ

訓 みたまや・ほこら

賓

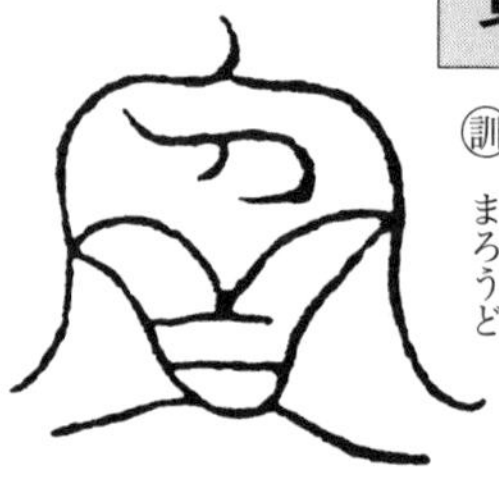

音 ヒン

訓 まろうど

顰

音 ヒン

訓 しかめる・ひそめる

父

音 フ

訓 ちち

奉

音 ブ・ホウ

訓 たてまつる

フ

フ

舞

音 ブ

訓 まい・まう

風

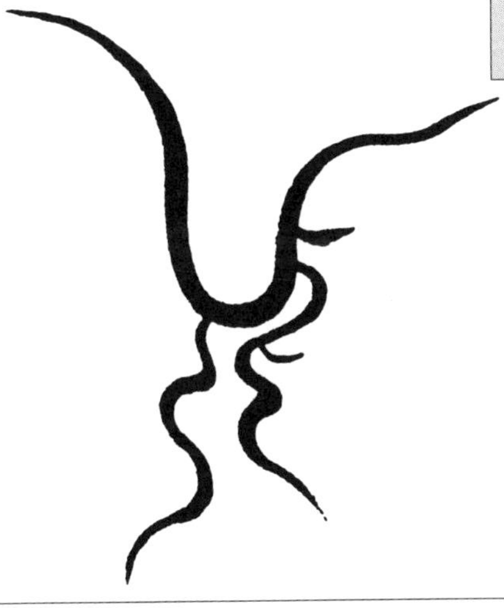

音 フウ・フ

訓 かぜ・かざ

福

音 フク
訓 さいわい

父

音 フ
訓 ちち

不

音 フ
訓 にあらず

夫

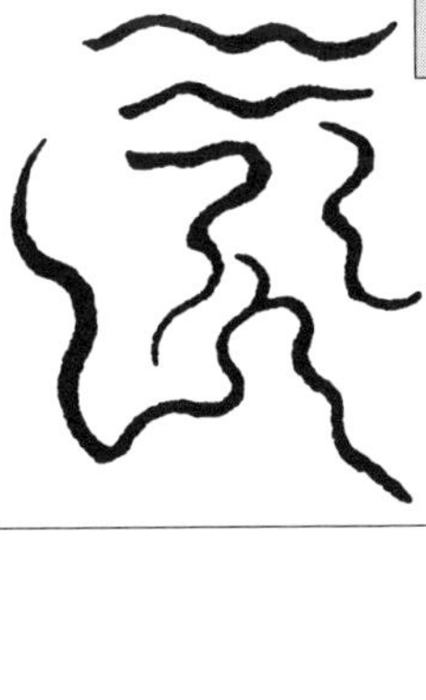

音 フ
訓 おっと・それ

布

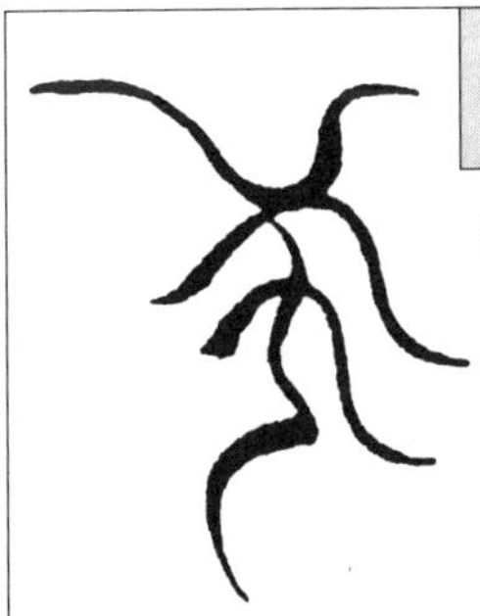

音 フ・ホ
訓 ぬの・しく

扶

音 フ
訓 たすける

府

音 フ
訓 くら・みやこ

阜

音 フ

訓 おか

婦

音 フ

訓 よめ・おんな

浮

音 フ

訓 うく

傅

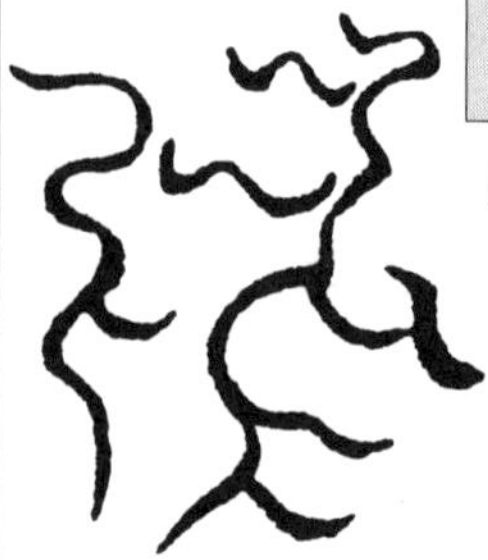

音 フ

訓 つく・かしずく・もり

俯

音 フ

訓 ふす・うつむく

富

音 フ

訓 とむ・とみ

奉

音　ブ・ホウ
訓　たてまつる

伏

音　フク
訓　ふす

武

音　ブ
訓　たけ・もののふ

服

音　フク
訓　したがう・きもの

封

音　フウ・ホウ
訓　さかい・とじる

福

音　フク
訓　さいわい

覆

音 フク

訓 くつがえす・おおう

紛

音 フン

訓 まぎれる・まがう

弗

音 フツ

訓 ず・もとる

墳

音 フン

訓 はか

物

音 ブツ・モツ

訓 もの

文

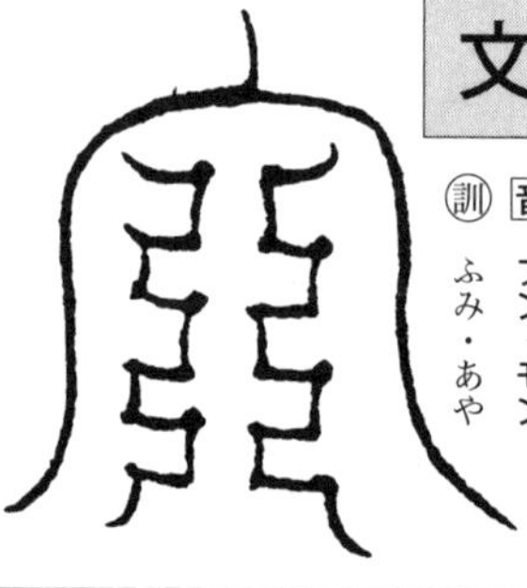

音 ブン・モン

訓 ふみ・あや

分

音 ブン

訓 わける

聞

音 ブン・モン

訓 きく

幣

音 ヘイ

訓 ぬさ・しで

變

音 ヘン

訓 かわる

平

音 ヘイ・ビョウ

訓 たいら・ひら

秉

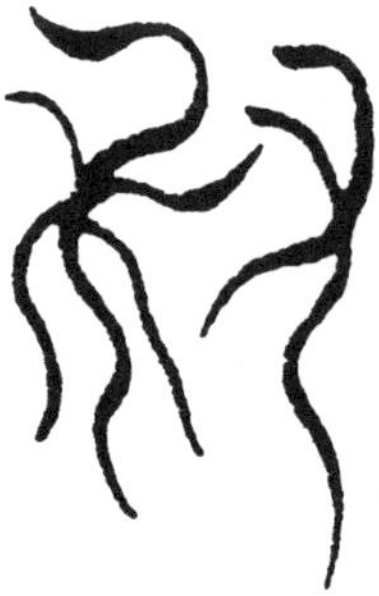

音 ヘイ・ヒョウ

訓 とる

丙

音 ヘイ

訓 ひのえ・あきらか

并

并

音 ヘイ

訓 ならぶ・あわせる

兵

音 ヘイ・ヒョウ

訓 つわもの

陛

音 ヘイ

訓 きざはし

竝

音 ヘイ

訓 ならぶ・なみ

並

弊

音 ヘイ

訓 つかれる・やぶれる

壁

音 ヘキ

訓 かべ

璧

音 ヘキ

訓 たま

別

音 ベツ

訓 わかれる

弁

音 ベン

訓 かんむり

勉

音 ベン

訓 つとめる

辯

音 ベン

訓 わきまえる

弁

母

音 ボ・モ

訓 はは

暮

音 ボ

訓 くらす・くれ

峯

音 ホウ

訓 みね

寶

音 ホウ

訓 たから

宝

木

音 ボク・モク

訓 き・こ

本

音 ホン

訓 もと

歩

音 ホ・フ

訓 あるく・あゆむ

母

音 ボ・モ

訓 はは

畝

音 ホ

訓 せ・うね

畝

慕

音 ボ

訓 したう

捕

音 ホ・ブ

訓 とらえる・つかまる

方

音 ホウ

訓 かた・まさに

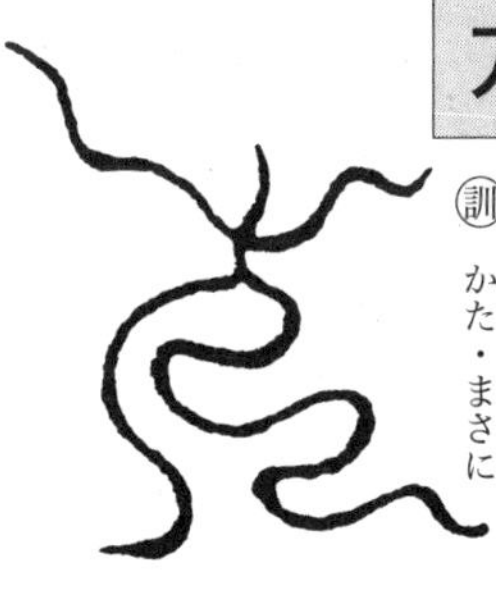

法

音 ホウ・ハツ

訓 のり・のっとる

寶

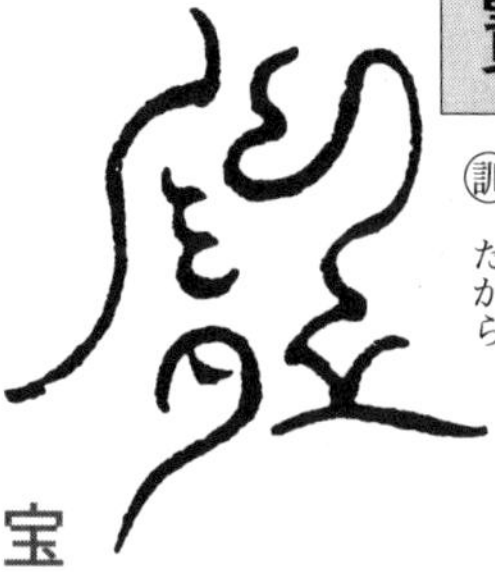

音 ホウ

訓 たから

宝

烹

音 ホウ

訓 にる

亡

音 ボウ・モウ

訓 ない・ほろぶ

鳳

音 ホウ

訓 おおとり

邙

音 ボウ

忘

音 ボウ

訓 わすれる

傍

音 ボウ

訓 かたわら・つくり

房

音 ボウ

訓 ふさ・へや

貌

音 ボウ

訓 かたち・かお

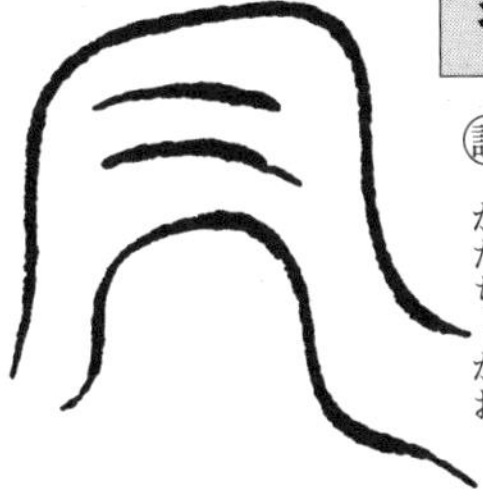

紡

音 ボウ

訓 つむぐ

木

音 ボク・モク

訓 き・こ

牧

音 ボク

訓 まき・やしなう

睦

音 ボク

訓 むつむ・むつまじい

墨

音 ボク

訓 すみ

本

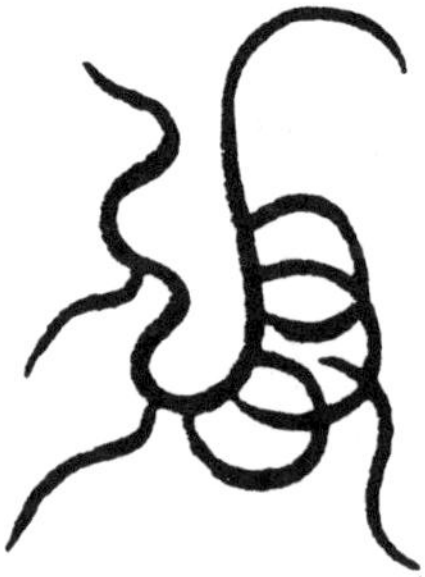

音 ホン

訓 もと

摩

音 マ

訓 する・さする

磨

音 マ

訓 みがく

毎

音 マイ

訓 ごと

滿

音 マン

訓 みちる・みたす

満

マ

妙

音 ミョウ
訓 たえ

明

音 ミョウ・メイ
訓 あかるい・あかす

明

音 ミョウ・メイ

訓 あかるい・あかす

密

音 ミツ

訓 ひそか

明

音 ミョウ・メイ

訓 あかるい・あかす

玅

妙

音 ミョウ

訓 たえ

民

音 ミン

訓 たみ

眠

音 ミン

訓 ねむる・ねむい

ミ

務

音 ム

訓 つとめる

無

音 ム・ブ

訓 ない・なくす

命

音 メイ・ミョウ

訓 いのち・みこと

名

音 メイ・ミョウ
訓 な

命

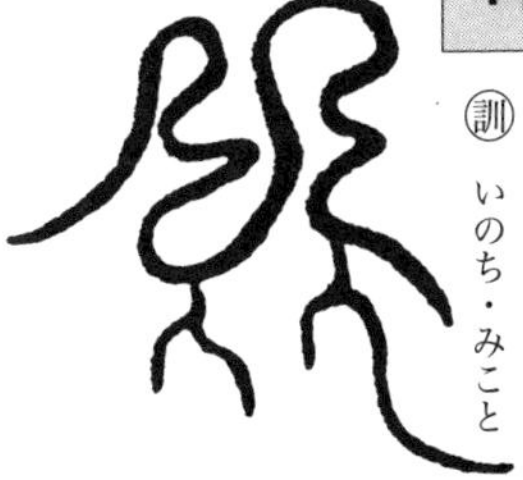

音 メイ・ミョウ
訓 いのち・みこと

冥

音 メイ・ミョウ
訓 くらい

盟

音 メイ
訓 ちかう

鳴

音 メイ
訓 なく・なる

銘

音 メイ
訓 しるす

滅

音 メツ

訓 ほろびる

面

音 メン

訓 おもて・つら

緜

音 メン

訓 わた・つらなる

綿

メ

門

音 モン

訓 かど

茂

音 モ

訓 しげる

孟

音 モウ

訓 はじめ・かしら

毛

音 モウ

訓 け

莽

音 モウ・ボウ

訓 くさ

罔

音 モウ・ボウ

訓 あみ・しいる・ない

蒙

音 モウ・ボウ

訓 こうむる・くらい

目

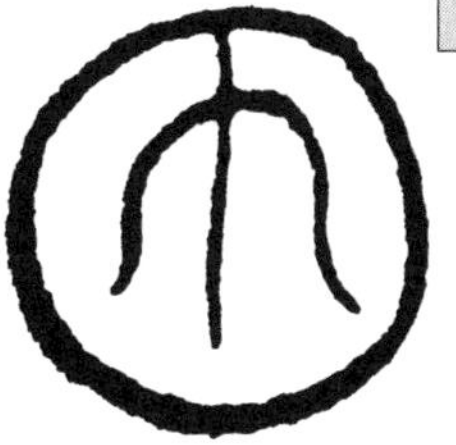

音 モク

訓 め・ま

黙

音 モク・ボク

訓 だまる・もだす

勿

音 モチ・ブツ

訓 なし・なかれ

門

音 モン

訓 かど

問

音 モン

訓 とう・とい・とん

也

音 ヤ
訓 なり・や

也

音 ヤ
訓 なり・や

夜

音 ヤ
訓 よ・よる

野

音 ヤ
訓 の

約

音 ヤク
訓 つづまる

躍

音 ヤク
訓 おどる

熊

音 ユウ

訓 くま

友

音 ユウ

訓 とも

有

音 ユウ・ウ

訓 ある・たもつ

邑

音 ユウ

訓 むら・くに

攸

音 ユウ

訓 ところ

猶

音 ユウ

訓 なお

遊

音 ユウ

訓 あそぶ

猷

音 ユウ

訓 はかる・はかりごと

輶

音 ユウ

訓

優

音 ユウ

訓 やさしい・すぐれる

用

音 ヨウ

訓 もちいる・はたらき

用

音 ヨウ

訓 もちいる・はたらき

飫

音 ヨ・オ

訓 あきる

豫

音 ヨ

訓 あたえる・あらかじめ

予

與

音 ヨ

訓 あたえる・くみする・あずかる・ともに

与

譽

音 ヨ

訓 ほめる・ほまれ

誉

餘

音 ヨ

訓 あまる

余

用

音 ヨウ

訓 もちいる・はたらき

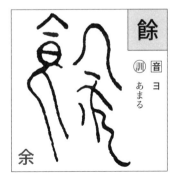

羊

音 ヨウ

訓 ひつじ

杳

音 ヨウ

訓 くらい・はるか

要

音 ヨウ

訓 かなめ・いる

容

音 ヨウ

訓 いれる・かたち

庸

音 ヨウ

訓 もちいる・つね

陽

音 ヨウ

訓 ひ

葉

音 ヨウ

訓 は

颻

音 ヨウ

訓

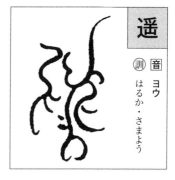

遥

音 ヨウ

訓 はるか・さまよう

燿

音 ヨウ

訓 かがやく

養

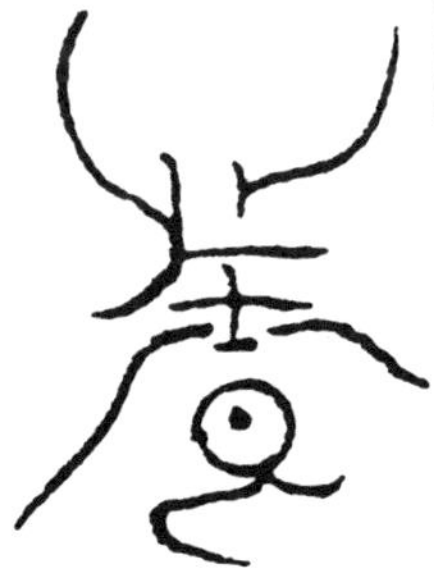

音 ヨウ

訓 やしなう

浴

音 ヨク

訓 あびる・ゆあみ

欲

音 ヨク

訓 ほしい・ほっする

雷

音 ライ

訓 かみなり・いかずち

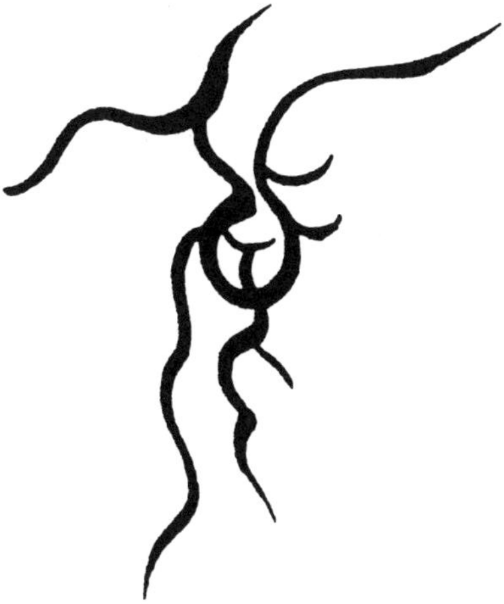

雷

音 ライ

訓 かみなり・いかずち

頼

音 ライ

訓 たよる・たのむ

羅

音 ラ

訓 あみ・つらなる

洛

音 ラク

訓 みやこ・つらなる

騾

音 ラ

訓 らば

落

音 ラク

訓 おちる・おとす

來

来

音 ライ

訓 くる・き

藍

音 ラン

訓 あい

蘭

音 ラン

訓 あららぎ・ふじばかま

立

音 リツ・リュウ

訓 たつ・たてる

龍

音 リュウ・リョウ

訓 たつ

良

音 リョウ

訓 よい・やや

李

音 リ

訓 すもも

履

音 リ

訓 はく・ふむ・くつ

利

音 リ

訓 きく・とし

離

音 リ

訓 はなれる

理

音 リ

訓 ことわり・おさめる

立

音 リツ・リュウ

訓 たつ・たてる

律

音 リツ・リチ

訓 のり

流

音 リュウ・ル

訓 ながれる

龍

音 リュウ・リョウ

訓 たつ

慮

音 リョ

訓 おもんぱかる

良

音 リョウ

訓 よい・やや

兩

音 リョウ

訓 ふたつ

両

凌

音 リョウ

訓 しのぐ

涼

音 リョウ

訓 すずしい

量

音 リョウ

訓 はかる

寥

音 リョウ

訓 さびしい

領

音 リョウ・レイ

訓 えり・おさめる

遼

音 リョウ

訓 はるか

糧

音 リョウ

訓 かて

力

音 リョク・リキ

訓 ちから・つとめる

林

音 リン

訓 はやし

倫

音 リン

訓 みち・たぐい

臨

音 リン

訓 のぞむ

鱗

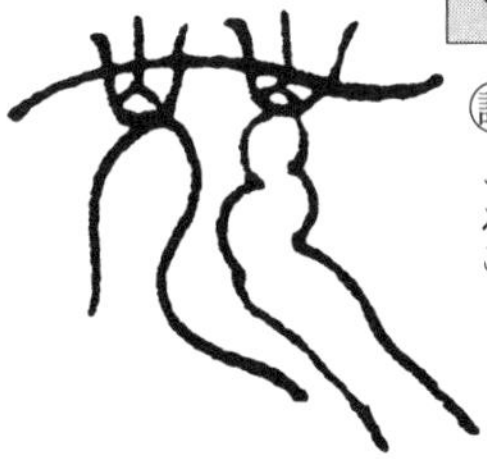

音 リン

訓 うろこ

靈

音 レイ・リョウ

訓 たま

霊

礼

音 レイ・ライ

訓 いや・あや

黎

音 レイ

訓 くろい

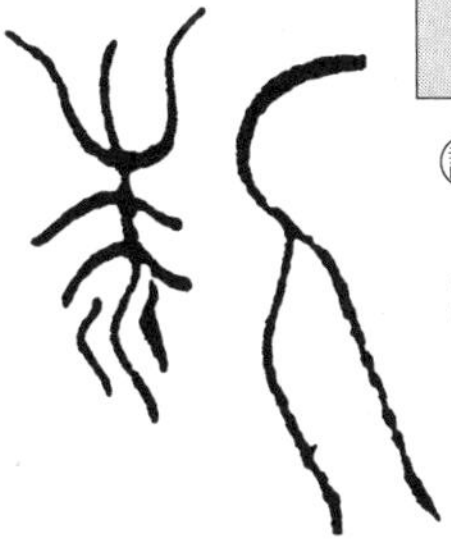

令

音 レイ・リョウ

訓 よい・しむ

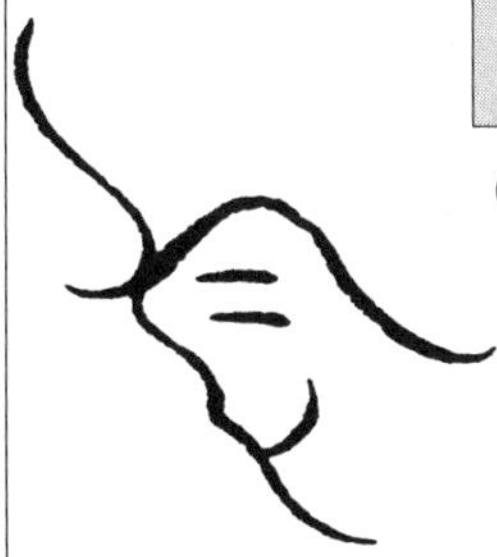

隷

音 レイ

訓 したがう・しもべ

聆

音 レイ

訓 きく

麗

音 レイ・ライ

訓 うるわしい・つく

霊

音 レイ・リョウ

訓 たま

霊

歴

音 レキ

訓 へる

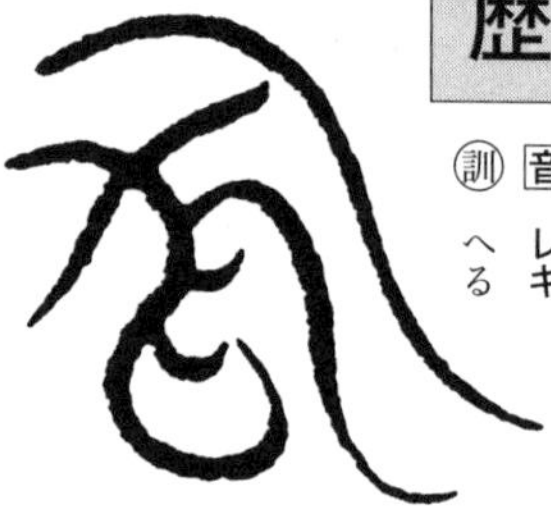

列

音 レツ

訓 つらなる

列

音 レツ

訓 つらなる

烈

音 レツ

訓 はげしい

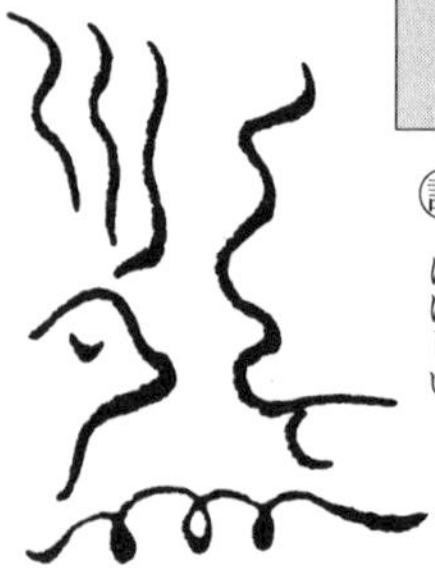

連

音 レン

訓 つらなる・むらじ

廉

音 レン

訓 かど・やすい

輦

音 レン

訓 こし

レ

郎

音 ロウ

訓 おとこ

呂

音 ロ・リョ

訓

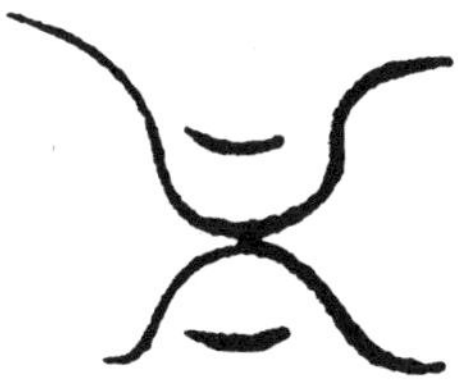

路

音 ロ

訓 みち・じ

露

音 ロ

訓 つゆ・あらわれる

驢

音 ロ

訓 ろば

老

音 ロウ

訓 おいる・ふける

陋

音 ロウ

訓

樓

音 ロウ

訓 たかどの・やぐら

楼

朗

音 ロウ

訓 ほがらか

勒

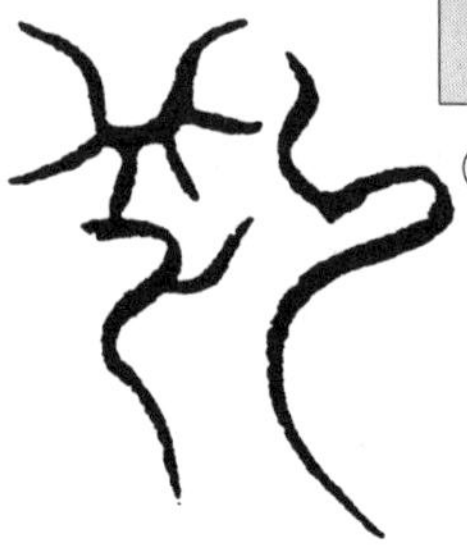

音 ロク

訓 おさえる・くつわ

廊

音 ロウ

訓 わたどの

祿

音 ロク

訓 さいわい・ふち

禄

勞

音 ロウ

訓 つかれる・ねぎらう

労

論

音 ロン

訓 あげつらう

和

音 ワ・オ

訓 やわらぐ・なごむ

索引

あ

ア　阿　9
アイ　愛　9
あい　相　172
あい　藍　273
あいだ　間（間）　45
あう　合　94
あう　會（会）　42
あえて　敢　45
あお　青　161
あおい　青　161
あおぎり　梧　88
あおぐ　仰　65
あおぐ　扇　167
あか　丹　182
あか　赤　163
あか　垢　91
あか　絳　93
あかい　赤　163
あかい　絳　93
あかす　明　252　253　254
あがた　縣（県）　80
あがる　上　114　143
あがる　騰　207
あがる　驤　144
あかるい　明　252　253　254
あき　秋　110　132
あきらか　丙　241
あきらか　的　198
あきらか　昭　112
あきらか　察　101
あきらか　曠　94
あきる　飫　267
あきる　厭　24
アク　悪　9
あく　空　69
あく　開　32
あくた　芥　41
あげつらう　論　287
あげる　擧（挙）　62
あさ　朝　191
あざ　字　125
あざな　字　125
あし　足　174
あした　旦　182
あした　朝　191
あずかる　與（与）　267
あずき　荅（答）　206
あずま　東　206
あずまや　亭　198
あそぶ　遊　264
あたう　能　215　216
あたえる　與（与）　267
あたえる　豫（予）　267
あたたかい　温　29
あたらしい　新　148
あたる　丁　190
あたる　中　188
あたる　當（当）　207
あつい　敦　210
あつい　暑　137
あつい　熱　214
あつい　篤　209
あつまる　集　133
あつまる　聚　133
あつまる　鍾　142
あてる　充　134

あと 後 88
あと 迹（跡） 164
あな 孔 89
あに 兄 75
あに 昆 95
あに 豈 43
あばく 發（発） 218 222
あびる 浴 269
あま 天 196 199
あま 雨 18
あまい 甘 44
あまねく 周 132
あまる 餘（余） 267
あみ 罔 260
あみ 羅 272
あめ 天 196 199
あめ 雨 18
あや 文 238
あや 礼 281
あや 章 140
あや 斐 225
あや 綺 58
あや 漢（漢） 46
あやうい 殆 180
あや 彩 99
あやしい 奇 49
あやしい 異 13
あやつる 操 172
あやまち 過 38
あやまる 謝 128
あゆむ 歩 247
あらい 荒 91
あらがう 抗 90
あらかじめ 豫（予） 267
あらず 匪 228
あらためる 改 41
あららぎ 蘭 273
あらわす 表 230
あらわれる 見 71 72
あらわれる 露 285
ある 在 100
ある 存 176
ある 有 264
あるく 歩 247
あるじ 主 130
あわい 淡 182
あわせる 幷（并） 241
あわれむ 矜 63
アン 行 54 65
アン 安 9

い

イ 以 12
イ 衣 12
イ 伊 12
イ 位 12
イ 委 12
イ 易（易） 10 12
イ 威 13
イ 畏 13
イ 惟 13
イ 移 13
イ 異 13
イ 帷 13
イ 爲（為） 10 14
イ 渭 14
イ 貽 14
イ 意 14
イ 煒 14
イ 維 15
イ 謂 15
いい 飯（飯） 223

いい 謂 15
いう 云 19
いう 言 81
いう 謂 15
いえ 宇 18
いえ 舎 106 128
いえ 家 31 38
いかずち 雷 271
いかん 柰（奈） 181
いき 息 174
いき 氣（気） 50 56
いきおい 勢 156 157
いきる 生 160
イク 育 15
いく 行 54 65
いく 幾 57
いくさ 軍 69
いくさ 師 123
いくさ 陣 119
いけ 池 187
いさお 功 89
いさぎよい 潔 78
いし 石 163
いしぶみ 碣 78
いしぶみ 碑 228
いず 嚴（厳） 74 81
いずくんぞ 焉 23
いずみ 泉 158
いずれ 孰 135
いそ 磯 51
いだく 懐 42
いたす 致 187 188
いただき 顚 200
いたむ 惻 174
いたる 至 103
イチ 逸 15
イチ 壹（壱） 15
いち 市 121
イツ 逸 15
いつくしむ 慈 127
いつくしむ 寵 193
いつつ 五 87
いと 弦 81
いと 絲（糸） 124
いとう 厭 24
いとおしむ 愛 9
いとなむ 營（営） 22
いにしえ 古 86
いぬ 去 61
いのち 命 256 257
いばら 楚 171
いましめ 箴 148
いましめる 敕（勅） 193
いましめる 誡 42
います 在 100
います 坐 98
いや 礼 281
いやしい 俗 175
いやしい 卑 227
いやしい 賤 167
いる 居 62
いる 要 268
いる 射 128
いれる 入 213
いれる 内 211
いれる 納 216
いれる 容 268
いろ 色 145
いろどる 彩 99
いわ 岩 35
いわ 巖（巌） 48
いわあな 岫 132

いわお 巖（巌） 48
いわく 曰 23
イン 尹 15
イン 因 16
イン 音 29
イン 胤 11
イン 殷 16
イン 陰 16
イン 隱（隠） 16

う

ウ 右 18
ウ 宇 18
ウ 羽（羽） 18
ウ 有 264
ウ 雨 18
ウ 禹 18
うい 初 136
うえ 上 114 143
うえる 飢 56
うえる 植 145
うえる 樹 109 131
うえる 藝（芸） 77
うお 魚 63
うく 浮 236
うけたまわる 承 139
うける 受 131
うごく 動 208
うしろ 後 88
うすい 淡 182
うすい 薄 222
うそぶく 嘯 142
うた 唱 140
うた 詩 124
うた 歌 39
うたう 詠 21
うたう 歌 39
うたがう 疑 59
うち 内 211
うち 家 31 38
ウツ 鬱 19
うつ 伐 223
うつくしい 妍 79
うつくしい 美 228
うつくしい 綺 58
うつす 映 21
うつす 移 13
うつす 寫（写） 128
うつむく 俯 236
うつる 移 13
うつる 寫（写） 128
うつろ 虚 62
うつわ 器 58
うながす 催 100
うね 畝（畆） 247
うま 馬 217
うまれる 生 160
うみ 海 31 41
うやうやしい 恭 64
うやまう 敬 76
うら 心 146
うる 得 209
うるう 閏 136
うるし 漆 127
うるわしい 麗 281
うれえる 戚 164
うれえる 慼 164
うれる 熟 135
うろこ 鱗 279
ウン 云 19
ウン 雲 17 19
ウン 温 29

ウン　運　17　19

え

エ　回　40
エ　惠（恵）　76
エ　會（会）　42
エ　懐　42
え　杷　220
え　重　134
え　畫（画）　40
エイ　永　21
エイ　英　20　21
エイ　盈　21
エイ　映　21
エイ　詠　21
エイ　楹　21
エイ　榮（栄）　20　22
エイ　翳　22
エイ　營（営）　22
エイ　纓　22
えがく　図　152
えがく　畫（画）　40
エキ　亦　22
エキ　易（易）　10　12
エキ　益　22
えだ　枝　122
えだ　條（条）　144
エツ　曰　23
エツ　悦　23
えにし　緣（縁）　24
えびす　戎　133
えびす　羗（羌）　64
えむ　笑　140
えり　領　278
える　得　209
える　獲　44
エン　奄　23
エン　垣　23
エン　渕（淵）　23
エン　焉　23
エン　筵　24
エン　遠　24
エン　園　24
エン　厭　24
エン　緣（縁）　24
エン　燕　24
エン　圜　25
えんじゅ　槐　42

お

オ　和　288
オ　於　28
オ　悪　9
オ　飫　267
おいて　於　28
おいる　老　285
オウ　王　28
オウ　徃（往）　28
オウ　皇　84　91
オウ　黄　28
オウ　横　28
おう　逐　188
おうぎ　扇　167
おうし　特　208
おおい　多　177　180
おおい　洪　91
おおい　殷　16
おおいに　大　178　181
おおう　奄　23
おおう　蓋　43
おおう　覆　238
おおきい　大　178　181

おおきい 巨 61
おおきい 鉅 62
おおごと 瑟 127
おおざら 盤 224
おおせ 仰 65
おおとり 鳳 248
おおやけ 公 89
おおやけ 官 34 45
おか 岡 90
おか 阜 236
おきる 起 56
オク 屋 26
オク 億 26
おく 處(処) 137
おくる 貽 14
おこす 興 93
おごそか 莊(荘) 172
おごそか 嚴(厳) 74 81
おこなう 行 54 65
おこる 發(発) 218 222
おこる 興 93
おごる 侈 122
おさ 尹 15
おさ 伯 221
おさ 長 185 190
おさえる 制 161
おさえる 勒 286
おさめる 乂 43
おさめる 收 131
おさめる 治 184 187
おさめる 納 216
おさめる 修 132
おさめる 理 276
おさめる 領 278
おしえ 訓 69
おしえる 訓 69
おしむ 穡 146
おす 推 152
おそい 晩 224
おそれ 虞 68
おそれる 畏 13
おだやか 穏 27
おちる 落 272
おっと 夫 235
おと 音 29
おとうと 弟 198
おとこ 男 179 183
おとこ 郎 284
おとこ 漢(漢) 46
おとこだて 俠(侠) 63
おとす 落 272
おどす 威 13
おどる 躍 262
おどろく 駭 43
おどろく 驚 65
おなじ 同 208
おに 鬼 49
おのずから 自 125
おのれ 己 86
おび 帯 180
おびと 首 130
おびる 帯 180
おみ 臣 147
おも 主 130
おもい 重 134
おもう 念 214
おもう 思 103 122
おもう 惟 13
おもう 意 14
おもう 想 172
おもう 謂 15
おもて 表 230

おもて	面	258
おもねる	阿	9
おもんぱかる	慮	277
おや	祖	169
おや	親	149
およぶ	及	60
おりる	下	75
おる	居	62
おる	處（処）	137
おろか	愚	68
おわる	終	133
おわる	竟	64
オン	音	29
オン	陰	16
オン	温	29
オン	遠	24
オン	園	24
オン	厭	24
オン	穏	27
オン	隱（隠）	16
おん	御	88
おんな	女	111 138
おんな	婦	236

か

カ	下	75
カ	火	30 37
カ	化	37
カ	可	37
カ	加	30
カ	何	37
カ	河	37
カ	佳	37
カ	夏	38
カ	家	31 38
カ	荷	38
カ	假（仮）	38
カ	過	38
カ	軻	38
カ	遐	39
カ	禍	39
カ	嘉	39
カ	歌	39
カ	寡	39
カ	駕	40
カ	稼	39
カ	華（華）	40
か	日	212 213
か	乎	86
か	哉	98
ガ	我	40
ガ	河	37
ガ	畫（画）	40
ガ	雅	40
ガ	駕	40
カイ	回	40
カイ	芥	41
カイ	改	41
カイ	海	31 41
カイ	皆	41
カイ	徊	41
カイ	晦	41
カイ	階	32 42
カイ	開	32
カイ	解	42
カイ	會（会）	42
カイ	槐	42
カイ	誡	42
カイ	懷	42
ガイ	乂	43
ガイ	外	43
ガイ	豈	43

ガイ 蓋 43
ガイ 骸 43
ガイ 駭 43
かえす 還 35
かえりみる 省 140
かえりみる 顧 87
かえる 還 35
かえる 歸(帰) 58
かお 貌 249
かおり 馨 77
かおる 馨 77
かがみ 鏡 53
かがみ 鑒(鑑) 47
かがやく 暉 57
かがやく 煌 93
かがやく 耀 269
かき 垣 23
かき 牆 143
カク 畫(画) 40
カク 虢 44
カク 獲 44
かく 書 137
ガク 學(学) 44
ガク 樂(楽) 33 44
ガク 嶽(岳) 33 44
ガク 額 34
かくす 藏(蔵) 173
かくす 隱(隠) 16
かくれる 隱(隠) 16
かげ 陰 16
かげ 景 76
かける 翔 141
かける 虧 58
かける 闕 78
かける 驅(駆) 68
かげる 陰 16
かげる 翳 22
かざ 風 233
かさねる 重 134
かさねる 套 201
かしこい 畏 13
かしこい 賢 80
かしずく 傅 236
かしら 伯 221
かしら 孟 260
かしわで 膳 168
かす 糟 173
かすか 微 229
かぜ 風 233
かせぐ 稼 39
かた 方 247
かたい 堅 72 79
かたい 難 211
かたち 形 75
かたち 容 268
かたち 象 173
かたち 貌 249
かたどる 象 173
かたむく 昃 145
かたむく 傾 76
かたよる 頗 220
かたる 語 83 88
かたる 談 183
かたわら 傍 249
かつ 且 136
かつ 克 94
かつ 勝 113
ガツ 月 79
ガッ 合 94
かつて 嘗 142
かて 糧 279
かど 門 259 261

かど 廉 282
かな 金 55 66
かな 哉 98
かなっ 適 199
かなしい 悲 228
かなでる 奏 172
かなめ 要 268
かならず 必 229
かわ 尺 107 129
かね 金 55 66
かね 鍾 142
かの 彼 227
かぶる 被 227
かべ 壁 242
かまける 感 46
かみ 上 114 143
かみ 守 107 130
かみ 神 117 118 147
かみ 皇 84 91
かみ 紙 123
かみ 卿 64
かみ 髮 223
かみなり 雷 271
かめ 亀 50 51
かよう 通 195
から 空 69
から 唐 206
から 漢(漢) 46
から 韓 46
からい 鹹 47
からし 芥 41
からだ 體(体) 181
からなし 柰(奈) 181
かり 假(仮) 38
かり 雁 48
かりする 田 197 200
かりる 假(仮) 38
かりる 藉 164
かる 乂 43
かる 驅(駆) 68
かるい 輕(軽) 77
かれ 伊 12
かれ 彼 227
かわ 川 166
かわ 河 37
かわす 交 89
かわる 化 37
かわる 更 90
かわる 易(易) 10 12
かわる 變(変) 240
カン 甘 44
カン 官 34 45
カン 冠 45
カン 桓 45
カン 寒 45
カン 敢 45
カン 閒(間) 45
カン 感 46
カン 漢(漢) 46
カン 還 35
カン 環 46
カン 韓 46
カン 簡 46
カン 勸(勧) 46
カン 鹹 47
カン 歡(歓) 47
カン 鑒(鑑) 47
カン 觀(観) 47
かん 神 117 118 147
ガン 丸 47
ガン 岩 35
ガン 岸 36

Reading	Kanji	Page
ガン	紈	47
ガン	雁	48
ガン	翫	48
ガン	願	48
ガン	巖（巌）	48
かんがみる	鑒（鑑）	47
かんじる	感	46
かんむり	弁	242
かんむり	冠	45

き

Reading	Kanji	Page
キ	己	86
キ	其	56
キ	奇	49
キ	城	143
キ	起	56
キ	飢	56
キ	鬼	49
キ	氣（気）	50 56
キ	亀	50 51
キ	基	56
キ	規	57
キ	貴	57
キ	幾	57
キ	旣（既）	57
キ	毀	57
キ	暉	57
キ	綺	58
キ	器	58
キ	機	58
キ	璣	58
キ	虧	58
キ	磯	51
キ	歸（帰）	58
キ	譏	59
き	寸	153
き	木	246 249
き	來（来）	272
き	黄	28
き	樹	109 131
ギ	宜	59
ギ	義	52
ギ	疑	59
ギ	儀	59
ギ	魏	59
ギ	曦	59
キク	鞠	60
きく	利	276
きく	效（効）	92
きく	聆	281
きく	聞	239
きく	聴	193
きざし	兆	185
きざす	兆	185
きざはし	陛	241
きざはし	階	32 42
きざむ	刻	95
きし	岸	36
きそう	競	65
キチ	吉	60
キツ	吉	60
きぬ	衣	12
きぬ	帛	217
きのえ	甲	89
きび	黍	138
きび	稷	145
きびしい	嚴（厳）	74 81
きみ	王	28
きみ	公	89
きみ	君	69
きみ	皇	84 91
きみ	卿	64

きもの　服　237
きゃん　俠（侠）　63
キュウ　九　60
キュウ　及　60
キュウ　久　52
キュウ　求　60
キュウ　宮　60　61
キュウ　給　61
キュウ　躳（躬）　61
キュウ　舊（旧）　61
キョ　巨　61
キョ　去　61
キョ　居　62
キョ　虚　62
キョ　渠　62
キョ　鉅　62
キョ　據（拠）　62
キョ　擧（挙）　62
ギョ　魚　63
ギョ　御　88
きよい　清　156
キョウ　兄　75
キョウ　匡　63
キョウ　京　63
キョウ　拱　63
キョウ　俠（侠）　63
キョウ　矜　63
キョウ　恭　64
キョウ　羗（羌）　64
キョウ　竟　64
キョウ　敬　76
キョウ　卿　64
キョウ　經（経）　71　76
キョウ　薑　64
キョウ　興　93
キョウ　橋　53
キョウ　嬌　64
キョウ　鏡　53
キョウ　競　65
キョウ　馨　77
キョウ　驚　65
ギョウ　行　54　65
ギョウ　刑　75
ギョウ　仰　65
ギョウ　形　75
キョク　曲　65
キョク　極　65
ギョク　玉　66
きらめく　煌　93
きり　桐　206
きる　切　165
きる　伐　223
きる　斬　102
きる　翦　167
きれ　巾　66
きわまる　谷　95
きわめる　極　65
キン　巾　66
キン　近　55　66
キン　金　55　66
キン　欣　66
キン　矜　63
キン　琴　66
キン　鈞　67
キン　禽　67
キン　謹　67
ギン　銀　67

く

ク　九　60
ク　口　88
ク　工　88

ク	久	52
ク	孔	89
ク	公	89
ク	功	89
ク	宮	60, 61
ク	矩	68
ク	駒	68
ク	舊(旧)	61
ク	驅(駆)	68
グ	求	60
グ	具	68
グ	虞	68
グ	愚	68
クウ	空	69
くう	食	145
くう	餐	101
グウ	宮	60, 61
グウ	寓	69

くさ	草	171
くさ	莽	260
くし	奇	49
くし	枇	228
くだる	下	75
くち	口	88
くつ	履	276
くつがえす	覆	238
くつわ	勒	286
くに	邑	264
くに	國(国)	85, 95
くび	首	130
くびき	衡	93
くま	熊	263
くみ	組	171
くみする	與(与)	267
くむ	組	171
くも	雲	17, 19

くら	府	235
くら	藏(蔵)	173
くらい	位	12
くらい	杳	268
くらい	晦	41
くらい	冥	257
くらい	蒙	260
くらす	暮	244
くらべる	比	227
くる	來(来)	272
くるま	車	128
くれ	莫	222
くれ	晩	224
くれ	暮	244
くろ	玄	80, 81
くろい	黎	281
くわえる	加	30
くわしい	詳	141

くわしい	精	162
クン	君	69
クン	訓	69
グン	軍	69
グン	郡	69
グン	羣(群)	70

け

ケ	化	37
ケ	芥	41
ケ	家	31, 38
ケ	氣(気)	50, 56
ケ	假(仮)	38
ケ	華(華)	40
け	毛	260
ゲ	下	75
ゲ	外	43
ゲ	夏	38

ゲ　解　42
ケイ　兄　75
ケイ　刑　75
ケイ　形　75
ケイ　京　63
ケイ　涇　75
ケイ　惠（恵）　76
ケイ　竟　64
ケイ　啓　75
ケイ　景　76
ケイ　敬　76
ケイ　卿　64
ケイ　嵆　76
ケイ　傾　76
ケイ　經（経）　71 76
ケイ　輕（軽）　77
ケイ　慶　77
ケイ　谿（渓）　77
ケイ　雞（鶏）　77
ケイ　競　65
ケイ　謦　77
ゲイ　藝（芸）　77
けだし　蓋　43
ケツ　結　78
ケツ　厥　78
ケツ　竭　78
ケツ　碣　78
ケツ　潔　78
ケツ　闕　78
ゲツ　月　79
けもの　獸（獣）　134
ケン　妍　79
ケン　見　71 72
ケン　建　79
ケン　軒　79
ケン　釼（剣）　79
ケン　堅　72 79
ケン　閒（間）　45
ケン　遣　80
ケン　賢　80
ケン　縣（県）　80
ケン　謙　80
ゲン　玄　80 81
ゲン　言　81
ゲン　阮　81
ゲン　彦　73
ゲン　弦　81
ゲン　源　74
ゲン　還　35
ゲン　嚴（厳）　74 81
ゲン　巖（巌）　48

こ

コ　己　86
コ　戸　86
コ　古　86
コ　乎　86
コ　巨　61
コ　居　62
コ　姑　86
コ　虎　82
コ　孤　87
コ　祜　87
コ　故　87
コ　虚　62
コ　皷（鼓）　82 87
コ　顧　87
こ　子　120
こ　木　246 249
こ　兒（児）　104 126
こ　黄　28
ゴ　五　87

読み	漢字	頁
コウ	更	90
コウ	抗	90
コウ	好	90
コウ	光	83
コウ	交	89
コウ	行	54 / 65
コウ	巧	89
コウ	甲	89
コウ	功	89
コウ	公	89
コウ	孔	89
コウ	工	89
コウ	口	88
こいねがう	庶	137
ゴ	語	83 / 88
ゴ	御	88
ゴ	梧	88
ゴ	後	88

読み	漢字	頁
コウ	稾(稿)	93
コウ	煌	93
コウ	絳	93
コウ	康	92
コウ	黄	28
コウ	貢	92
コウ	髙(高)	84 / 92
コウ	皐	92
コウ	羔	92
コウ	効(効)	84 / 92
コウ	皇	91
コウ	洪	91
コウ	荒	91
コウ	後	88
コウ	垢	91
コウ	幸	90
コウ	岡	90
コウ	孝	90

読み	漢字	頁
こおり	郡	69
こえる	趙	192
こえる	超	192
こえる	肥	227
こえ	聲(声)	163
こうむる	蒙	260
こうむる	被	227
こうべ	首	130
こうし	犢	209
ゴウ	號(号)	94
ゴウ	合	94
ゴウ	仰	65
こう	神	117 / 118 / 147
コウ	曠	94
コウ	糠	94
コウ	興	93
コウ	衡	93
コウ	廣(広)	85 / 93

読み	漢字	頁
こたえる	荅(答)	206
こす	超	192
こしき	甑	95
こころざす	肇	283
こころ	志	121
こころ	精	162
こころ	意	14
ここのつ	九	146
ここに	斯	60
ここ	茲	124
ゴク	極	122
コク	穀	65
コク	國(国)	95
コク	刻	85 / 95
コク	谷	95
コク	克	94
コク	石	163

こと 言 81
こと 事 126
こと 殊 131
こと 琴 66
ごと 毎 251
ことごとく 盡(尽) 150
ごとし 如 138
ごとし 若 129
ことなる 異 13
ことば 辭(辞) 127
ことぶき 壽(寿) 108
ことほぐ 壽(寿) 108
ことわり 理 276
こなれる 熟 135
この 之 120
この 此 121
この 是 154 160
この 斯 124
このむ 好 90
こばむ 抗 90
こひつじ 羔 92
こぼつ 毀 57
こま 駒 68
こまねく 拱 63
こまる 困 95
こもる 鬱 19
これ 之 120
これ 伊 12
これ 此 121
これ 是 154 160
これ 惟 13
これ 維 15
これ 諸 138
ころがる 轉(転) 200
ころす 誅 190
ころも 衣 12
コン 困 95
コン 金 55 66
コン 昆 95
コン 建 79
コン 羔 92
コン 根 96
コン 崑 96
コン 鵾(鶤) 96
ゴン 言 81
ゴン 欣 66
ゴン 嚴(厳) 74 81

さ

サ 左 98
サ 作 101
サ 佐 98
サ 沙 98
ザ 坐 98
サイ 才 98
サイ 切 165
サイ 西 161
サイ 哉 98
サイ 宰 99
サイ 菜 99
サイ 彩 99
サイ 祭 99
サイ 最 99
サイ 歳 97 99
サイ 塞 100
サイ 載 100
サイ 催 100
サイ 濟(済) 100
ザイ 在 100
ザイ 罪 100
さいわい 幸 90
さいわい 祜 87

読み	漢字	ページ
さいわい	福	234 237
さいわい	祿(禄)	286
さか	尺	107 129
さか	酒	108 131
さが	性	161
さかい	封	237
さかえる	榮(栄)	20 22
さかずき	杯	220
さかずき	爵	129
さかずき	觴	143
さかな	魚	63
さかもり	燕	24
さかり	盛	155 162
さかん	昌	112
さかん	盛	155 162
さかん	疏	171
サク	作	101
サク	索	101

読み	漢字	ページ
サク	策	101
さけ	酒	108 131
さけぶ	號(号)	94
さげる	下	75
さじ	枇	228
さしがね	矩	68
さす	指	123
さする	摩	251
さだ	貞	196 198
さだまる	定	114 143
さち	幸	101
サツ	察	92
さつき	皐	101
さびしい	寂	129
さびしい	寥	278
さまよう	徊	41
さまよう	逍	141
さまよう	遥	269

読み	漢字	ページ
シ	子	120
シ	之	120
	し	
ザン	斬	102
サン	讃	102
サン	餐	101
サン	散	101
さわ	澤(沢)	179
さわ	皐	92
さわ	沛	220
さる	去	61
さらに	更	90
さらい	杷	220
さむらい	侍	126
さむらい	士	120
さむい	寒	45
さむい	清	162

読み	漢字	ページ
シ	思	103 122
シ	祀	122
シ	侈	122
シ	枝	122
シ	使	122
シ	始	121
シ	志	121
シ	至	103
シ	次	125
シ	自	125
シ	此	121
シ	矢	121
シ	市	121
シ	史	121
シ	仕	120
シ	四	120
シ	止	120
シ	士	120

シ　茲　122
シ　施　104　123
シ　姿　123
シ　指　123
シ　師　123
シ　祇　123
シ　紙　123
シ　斯　124
シ　紫　124
シ　絲（糸）　124
シ　詩　124
シ　資　124
シ　肆　124
シ　嗣　125
ジ　二　213
ジ　地　184　187
ジ　字　125
ジ　而　125
ジ　次　125
ジ　自　125
ジ　耳　125
ジ　似　126
ジ　事　126
ジ　治　184　187
ジ　侍　126
ジ　兒（児）　104　126
ジ　恃　126
ジ　持　126
ジ　茲　122
ジ　時　105　127
ジ　慈　127
ジ　邇　127
ジ　辭（辞）　127
じ　路　285
しあわせ　幸　90
しいる　罔　260
しかめる　顰　231
シキ　色　145
シキ　職　115　146
ジキ　直　193
ジキ　食　145
しく　布　235
しく　如　138
しく　藉　164
しげる　茂　260
しげる　茲　122
しげる　繁　219
しこうして　而　125
しし　獸（獣）　134
じじ　祖　169
しずか　寂　129
しずか　靜（静）　163
しずむ　沈　193
した　下　75
したう　慕　247
したがう　服　237
したがう　從（従）　134
したがう　遵　136
したがう　隨（随）　153
したがう　隷　281
したしむ　親　149
シツ　執　133
シツ　瑟　127
シツ　漆　127
ジツ　日　212　213
しで　幣　240
しとやか　淑　135
しな　品　226
しのぐ　凌　278
しばる　縻　229
しま　州　132
しみる　染　166

しむ 令 281
しむ 使 122
しも 下 75
しも 霜 173
しもべ 隷 281
シャ 且 136
シャ 車 128
シャ 沙 98
シャ 社 106
シャ 舎 106 128
シャ 者 128
シャ 射 128
シャ 寫（写） 128
シャ 謝 128
シャク 尺 107 129
シャク 石 163
シャク 赤 163
シャク 積 164
シャク 爵 129
シャク 釋（釈） 129
ジャク 若 129
ジャク 弱 129
ジャク 寂 129
しゃも 鵾（鶤） 96
シュ 手 130
シュ 主 130
シュ 守 107 130
シュ 取 130
シュ 首 130
シュ 珠 130
シュ 殊 131
シュ 酒 108 131
シュ 修 132
ジュ 入 213
ジュ 壽（寿） 108
ジュ 受 131
ジュ 從（従） 134
ジュ 聚 133
ジュ 樹 109 131
シュウ 收 131
シュウ 州 132
シュウ 周 132
シュウ 宗 109 132
シュウ 岫 132
シュウ 秋 110 132
シュウ 修 132
シュウ 習 133
シュウ 終 133
シュウ 執 133
シュウ 集 133
シュウ 聚 133
ジュウ 戎 133
ジュウ 充 134
ジュウ 重 134
ジュウ 從（従） 134
ジュウ 獸（獣） 134
しゅうとめ 姑 86
シュク 夙 134
シュク 叔 134
シュク 俶 135
シュク 宿 135
シュク 淑 135
ジュク 孰 135
ジュク 熟 135
シュツ 出 135
シュン 俊 136
シュン 春 110
ジュン 閏 136
ジュン 筍 136
ジュン 遵 136
ショ 且 136
ショ 初 136

ショ　所　137
ショ　書　137
ショ　庶　137
ショ　處（処）　137
ショ　暑　137
ショ　黍　138
ショ　疏　171
ショ　諸　138
ジョ　女　111　138
ジョ　如　138
ジョ　助　111　138
ショウ　上　114　143
ショウ　少　138
ショウ　生　160
ショウ　正　160
ショウ　牀　139
ショウ　劭　139
ショウ　松　139
ショウ　性　161
ショウ　承　139
ショウ　青　161
ショウ　招　139
ショウ　妾　139
ショウ　昌　112
ショウ　相　172
ショウ　省　140
ショウ　莊（荘）　172
ショウ　昭　112
ショウ　称　140
ショウ　陞　140
ショウ　笑　140
ショウ　章　140
ショウ　唱　140
ショウ　笙　141
ショウ　逍　141
ショウ　清　156
ショウ　將（将）　141
ショウ　翔　141
ショウ　象　173
ショウ　勝　113
ショウ　聖　162
ショウ　摂　165
ショウ　詳　141
ショウ　照　141
ショウ　裳　142
ショウ　精　162
ショウ　嘗　142
ショウ　誚　142
ショウ　賞　142
ショウ　衝　113
ショウ　嘯　142
ショウ　鍾　142
ショウ　牆　143
ショウ　聲（声）　163
ショウ　觴　143
ジョウ　上　114　143
ジョウ　成　160
ジョウ　定　114　143
ジョウ　貞　196　198
ジョウ　城　143
ジョウ　常　115　143
ジョウ　盛　155　162
ジョウ　情　144
ジョウ　條（条）　144
ジョウ　場　144
ジョウ　蒸　144
ジョウ　靜（静）　163
ジョウ　讓（譲）　144
ジョウ　驤　144
ショク　色　145
ショク　昃　145
ショク　食　145

ショク 寔 145
ショク 植 145
ショク 屬（属） 175
ショク 續（続） 175
ショク 稷 145
ショク 燭 146
ショク 職 115 146
ショク 穡 146
ジョク 辱 146
しらべる 調 192
しりぞく 退 180
しりぞける 黜 190
しる 知 187
しるし 首 130
しるし 效（効） 92
しるし 章 140
しるす 銘 257
しろ 白 221
しろ 城 143
しろがね 銀 67
しろぎぬ 紈 47
シン 心 146
シン 辰 116 146
シン 臣 147
シン 身 147
シン 信 116 117 147
シン 神 117 118 147
シン 津 118
シン 振 147
シン 秦 147
シン 眞（真） 148
シン 晉（晋） 148
シン 深 148
シン 新 148
シン 愼（慎） 148
シン 箴 148
シン 審 149
シン 親 149
シン 薪 149
ジン 人 149
ジン 仁 149
ジン 任 213
ジン 沈 193
ジン 甚 149
ジン 神 116 117 147
ジン 陣 119
ジン 尋 150
ジン 盡（尽） 150
しんがり 殿 197 200

す

ス 主 130
ス 素 171
す 州 132
ず 弗 238
ズ 図 152
ズ 受 131
スイ 水 151 152
スイ 出 135
スイ 吹 152
スイ 垂 152
スイ 推 152
スイ 綏 152
スイ 翠 153
スイ 誰 153
ズイ 隨（随） 153
すえ 陶 206
すがた 姿 123
すぎる 過 38
すく 好 90
スク 宿 135
すくう 濟（済） 100

すくない　少　138
すくない　寡　39
すぐれる　俊　136
すぐれる　勝　113
すぐれる　優　265
すけ　助　111 138
すこし　少　138
すこぶる　頗　220
すさむ　荒　91
すじ　條（条）　144
すすき　薄　222
すずしい　清　162
すずしい　涼　278
すすむ　晉（晋）　148
すすむ　陟　193
すすめる　奏　172
すすめる　勸（勧）　46
すでに　旣（既）　57

すな　沙　98
すなはら　漠　222
すなわち　乃　181
すなわち　即　174
すなわち　則　174
すべて　全　159
すべて　都　205
すまい　宅　181
すみ　墨　250
すむ　澂（澄）　192
すむ　濟（済）　100
すめらぎ　皇　84 91
すもも　李　276
する　摩　251
すわる　坐　98
スン　寸　153

せ

セ　世　160
セ　施　104 123
せ　背　220
せ　畞（畝）　247
ゼ　是　154 160
セイ　生　160
セイ　正　160
セイ　世　160
セイ　成　160
セイ　西　161
セイ　制　161
セイ　性　161
セイ　青　161
セイ　政　154 161
セイ　星　155 162
セイ　省　140

セイ　凊　162
セイ　盛　155 162
セイ　清　156
セイ　歳　97 99
セイ　聖　162
セイ　勢　156 157
セイ　誠　162
セイ　精　162
セイ　靜（静）　163
セイ　聲（声）　163
セイ　濟（済）　100
ゼイ　税　163
ゼイ　説　166
セキ　夕　163
セキ　尺　107 129
セキ　石　163
セキ　赤　163
セキ　席　164

セキ	寂	129
セキ	戚	164
セキ	迹（跡）	164
セキ	慼	164
セキ	積	164
セキ	藉	164
セキ	績	165
セキ	釋（釈）	129
セツ	切	165
セツ	設	165
セツ	接	165
セツ	摂	165
セツ	節	165
セツ	説	166
せまい	陋	285
せまる	逼	229
せめる	誅	190
せめる	誚	142
せめる	讓（譲）	144
せる	競	65
セン	川	166
セン	千	157 166
セン	仙	166
セン	泉	158
セン	宣	166
セン	染	166
セン	扇	167
セン	旋	158
セン	牋	167
セン	潜	167
セン	賤	167
セン	踐	167
セン	翦	167
セン	璇	168
セン	瞻	168
ゼン	全	159
ゼン	善	168
ゼン	禪（禅）	168
ゼン	膳	168

そ

ソ	且	136
ソ	所	137
ソ	祖	169
ソ	素	171
ソ	組	171
ソ	疏	171
ソ	楚	171
ソウ	早	171
ソウ	宗	109 132
ソウ	草	171
ソウ	相	172
ソウ	奏	172
ソウ	莊（荘）	172
ソウ	想	172
ソウ	操	172
ソウ	霜	172
ソウ	糟	173
そう	陪	221
ゾウ	造	173
ゾウ	象	173
ゾウ	増	173
ゾウ	藏（蔵）	173
ソク	即	174
ソク	足	174
ソク	束	174
ソク	昃	145
ソク	則	174
ソク	息	174
ソク	惻	174
ソク	塞	100
ゾク	俗	175

ゾク 屬（属） 175
ゾク 賊 175
ゾク 續（続） 175
そこなう 賊 175
そしる 譏 59
そだてる 育 15
ソツ 率 175
そと 外 43
そなえる 具 68
その 厥 78
その 其 56
その 園 24
そむく 背 220
そむく 叛 223
そめる 染 166
そら 空 69
そら 宙 189
それ 夫 235
それ 厥 78
それ 其 56
それる 逸 15
ソン 存 176
ソン 村 169
ソン 孫 170
ソン 尊 170 175
ゾン 存 176

た

タ 太 177
タ 多 177 180
た 手 130
た 田 197 200
タイ 大 178 181
タイ 太 177
タイ 岱 180
タイ 帝 198
タイ 退 180
タイ 殆 180
タイ 待 178
タイ 泰 180
タイ 帯 180
タイ 體（体） 181
ダイ 乃 181
ダイ 大 178 181
ダイ 内 211
ダイ 弟 198
ダイ 柰（奈） 181
たいら 平 241
たえ 玅（妙） 252 254
たおれる 沛 220
たおれる 顚 200
たかい 髙（高） 84 92
たかどの 堂 202 208
たかどの 樓（楼） 286
たかまる 髙（高） 84 92
たがやす 農 216
たから 寶（宝） 245 248
たきぎ 薪 149
タク 宅 181
タク 澤（沢） 179
たぐい 倫 279
たくみ 工 88
たくみ 巧 89
たけ 武 237
たけ 長 185 190
たけ 嶽（岳） 33 44
たけのこ 筍 136
だす 出 135
たすける 左 98
たすける 右 18
たすける 佐 98
たすける 助 111 138

読み	漢字	頁
たすける	扶	235
たすける	相	172
たすける	資	124
たずねる	尋	150
ただしい	正	160
ただしい	貞	196 198
ただす	尹	15
ただす	匡	63
ただす	規	57
ただちに	直	193
たち	達	181
たちもとおる	裵	221
タツ	達	181
たつ	立	274 276
たつ	辰	116 146
たつ	起	56
たつ	達	181
たつ	發(発)	218 222
たつ	龍	274 277
たっとい	尊	170 175
たて	經(経)	71 76
たてまつる	奉	232 237
たてる	立	274 276
たてる	建	79
たてる	樹	109 131
たに	谷	95
たに	谿(渓)	77
たね	胤	11
たのしい	樂(楽)	33 44
たのむ	恃	126
たのむ	賴	272
たば	束	174
たべもの	餐	101
たべる	食	145
たま	玉	66
たま	珠	130
たま	璇	168
たま	璣	58
たま	璧	242
たま	靈(霊)	280 282
たまう	給	61
たまき	環	46
たましい	魄	221
だまる	默	261
たみ	民	254
ため	爲(為)	10 14
ためる	矯	64
たもつ	有	264
たより	信	116 117 147
たよる	賴	272
たる	足	174
たれ	孰	135
たれ	誰	153
だれ	誰	153
たれる	垂	152
タン	丹	182
タン	旦	182
タン	耽	182
タン	淡	182
タン	短	182
タン	端	182
ダン	男	179 183
ダン	談	183

ち

読み	漢字	頁
チ	地	184 187
チ	池	187
チ	知	187
チ	治	184 187
チ	致	187 188
チ	恥	188
チ	馳	188

ち 千 157 166
ちかい 近 55 66
ちかい 邇 127
ちかう 盟 257
ちかづく 近 55 66
ちから 力 279
チク 逐 188
ちご 兒（児） 104 126
ちち 父 232 235
ちなむ 因 16
チャク 嫡 188
チュウ 中 188
チュウ 宙 189
チュウ 忠 189
チュウ 抽 189
チュウ 晝（昼） 189
チュウ 誅 190
チュツ 黜 190
チョウ 丁 190
チョウ 弔 190
チョウ 兆 185
チョウ 長 185 190
チョウ 重 134
チョウ 張 190
チョウ 鳥 186 191
チョウ 帳 191
チョウ 彫 191
チョウ 釣 191
チョウ 眺 191
チョウ 朝 191
チョウ 超 192
チョウ 惵 186
チョウ 腸 192
チョウ 牒 192
チョウ 趙 192
チョウ 調 192
チョウ 澂（澄） 192
チョウ 聴 193
チョウ 寵 193
チョク 直 193
チョク 陟 193
チョク 敕（勅） 193
ちる 散 101
チン 沈 193
チン 陳 194

つ

ツ 都 205
つ 津 118
ついに 終 133
ついに 竟 64
ツウ 通 195
つえ 策 101
つか 束 174
つかう 使 122
つかう 遣 80
つかえる 仕 120
つかえる 事 126
つかさ 官 34 45
つかさ 職 115 146
つかさどる 主 130
つかさどる 宰 99
つかさどる 職 115 146
つかまる 捕 247
つかれる 疲 228
つかれる 勞（労） 286
つかれる 弊 242
つき 月 79
つぎ 次 125
つきる 竭 78
つきる 盡（尽） 150
つく 即 174

読み	漢字	ページ
つづく	續(続)	175
つちのと	己	184 / 86
つち	地	187
つち	土	205
つたえる	傳(伝)	200
つごもり	晦	41
つくる	造	173
つくる	作	101
つくり	傍	249
つくす	竭	78
つくす	既(既)	57
つぐ	嗣	125
つぐ	接	165
つぐ	次	125
つく	麗	281
つく	衝	113
つく	傳	236
つく	屬(属)	175

読み	漢字	ページ
つばめ	燕	24
つね	經(経)	71 / 76
つね	庸	268
つね	常	115 / 143
つなぐ	麋	229
つな	維	15
つとめる	務	255
つとめる	勉	243
つとめる	劭	139
つとめる	力	279
つとに	夙	134
つどう	集	133
つづみ	皷(鼓)	82 / 87
つづまる	約	262
つつしむ	謹	67
つつしむ	慎(慎)	148
つつしむ	敬	76
つつしむ	祗	123

読み	漢字	ページ
つらねる	肆	124
つらねる	陳	194
つらねる	陣	119
つらなる	羅	272
つらなる	繇(綿)	258
つらなる	連	282
つらなる	洛	272
つら	列	282
つら	面	258
つゆ	露	285
つめあと	虢	44
つむぐ	績	165
つむぐ	紡	249
つむ	積	164
つみ	罪	100
つまびらか	審	149
つまびらか	詳	141
つぶさに	具	68

て

読み	漢字	ページ
テキ	的	198
テイ	體(体)	181
テイ	庭	198
テイ	亭	196 / 198
テイ	貞	198
テイ	帝	114 / 198
テイ	定	143
テイ	弟	198
テイ	丁	190
て	手	130

読み	漢字	ページ
つわもの	軍	69
つわもの	兵	241
つわもの	戎	133
つるぎ	釼(剣)	79

テキ 適 199
テキ 嫡 188
てらす 照 141
てる 照 141
でる 出 135
テン 天 196 199
テン 典 199
テン 恬 199
テン 殿 197 200
テン 轉（転） 200
テン 顚 200
デン 田 197 200
デン 殿 197 200
デン 傳（伝） 200

と

と 戸 86
ト 図 152
ト 杜 205
ト 途 205
ト 都 205
ト 登 201 207
ド 土 205
とい 問 261
トウ 冬 205
トウ 投 205
トウ 東 206
トウ 荅（答） 206
トウ 唐 206
トウ 桐 206
トウ 套 201
トウ 陶 206
トウ 盗 206
トウ 湯 207
トウ 登 201 207
トウ 棠 207
トウ 等 207
トウ 當（当） 207
トウ 騰 207
とう 問 261
ドウ 同 208
ドウ 洞 208
ドウ 堂 202 208
ドウ 動 208
ドウ 道 202 208
ドウ 導 203
とうとい 貴 57
とうとい 尊 170 175
とおい 遠 24
とおい 邈 222
とおる 通 195
とおる 達 181
とき 刻 95
とき 秋 110 132
とき 時 105 127
トク 特 208
トク 得 209
トク 德（徳） 203 209
トク 篤 209
トク 犢 209
トク 讀（読） 209
とく 解 42
とく 説 166
とく 釋（釈） 129
ドク 獨（独） 204 209
ドク 讀（読） 209
とこ 牀 139
とこ 常 115 143
ところ 處（処） 137
ところ 攸 264
ところ 所 137
とし 年 214

とし　利　276
とし　歳　97　99
とし　壽(寿)　108
とじる　封　237
ととのう　調　192
ととのえる　俶　135
とどまる　亭　198
となえる　称　140
となえる　唱　140
との　殿　197　200
どの　殿　197　200
とばり　帳　191
とばり　帷　13
とぶ　飛　225　227
とぶ　翔　141
とまる　止　120
とみ　富　236
とみに　頓　210
とむ　富　236
とむらう　弔　190
とも　友　264
ともしび　燭　146
ともに　與(与)　267
とら　虎　82
とらえる　捕　247
とらえる　執　133
とり　鳥　186　191
とり　禽　67
とり　雞(鶏)　77
とりこ　禽　67
とりで　塞　100
とる　秉　241
とる　取　130
とる　執　133
とる　摂　165
トン　敦　210
トン　頓　210
とん　問　261

な

ナ　柰(奈)　181
な　名　257
な　菜　99
ナイ　乃　181
ナイ　内　211
ない　亡　248
ない　罔　260
ない　無　255
ない　靡　229
なお　猶　264
なおす　治　184　187
なおす　直　193
なか　中　188
ながい　永　21
ながい　長　185　190
ながめ　眺　191
ながめる　眺　191
なかれ　勿　261
なかれ　莫　222
ながれる　流　277
なく　鳴　257
なくす　無　255
なげる　投　205
なごむ　和　288
なさけ　情　144
なし　勿　261
なす　成　160
なす　作　101
なす　爲(為)　10　14
なつ　夏　38
なつく　懐　42
など　等　207

なに 何 37
なびく 靡 229
なみ 竝(並) 242
なめる 嘗 142
ならう 習 133
ならぶ 幷(并) 241
ならぶ 竝(並) 242
ならべる 比 227
ならわし 俗 175
なり 也 262
なる 成 160
なる 鳴 257
なわ 索 101
ナン 男 179 183
ナン 南 211
ナン 難 211
なん 何 37
なんじ 乃 181
なんじ 若 129
なんぞ 遐 39

に

ニ 二 213
ニ 邇 127
に 丹 182
に 荷 38
にあらず 不 235
にい 新 148
にくむ 悪 9
にし 西 161
ニチ 日 212 213
になう 荷 38
ニャク 若 129
ニュウ 入 213
ニョ 女 111 138
ニョ 如 138
にる 似 126
にる 烹 248
にわ 庭 198
にわとり 雞(鶏) 77
ニン 人 149
ニン 仁 149
ニン 任 213

ぬ

ぬか 糠 94
ぬかずく 頓 210
ぬかずく 額 34
ぬく 抽 189
ぬくい 温 29
ぬさ 帛 217
ぬさ 幣 240
ぬし 主 130
ぬすむ 盗 206
ぬの 布 235

ね

ね 子 120
ね 音 29
ね 根 96
ネイ 寧 214
ねがう 願 48
ねぎらう 勞(労) 286
ネツ 熱 214
ねむい 眠 254
ねむる 眠 254
ねる 寐 229
ネン 年 214
ネン 念 214

の

の 乃 181

の　野　262
ノウ　能　215, 216
ノウ　納　216
ノウ　農　216
ノウ　嚢　216
のき　軒　79
のこす　貽　14
のぞむ　臨　279
のたまう　宣　166
のたまわく　曰　23
のち　後　88
のっとる　法　248
のっとる　則　174
のべる　宣　166
のべる　陳　194
のぼる　上　114, 143
のぼる　陞　140
のぼる　陟　193
のぼる　登　201, 207
のぼる　騰　207
のむ　餐　101
のみ　耳　125
のり　刑　75
のり　典　199
のり　法　248
のり　則　174
のり　律　277
のり　矩　68
のり　規　57
のり　儀　59
のりもの　駕　40
のる　載　100
のる　駕　40

は

ハ　杷　220
ハ　頗　220
ハ　覇　220
は　羽（羽）　18
は　葉　269
バ　馬　217
ば　場　144
ハイ　沛　220
ハイ　背　220
ハイ　杯　220
ハイ　陪　221
ハイ　斐　225
ハイ　裵　221
バイ　陪　221
はいる　入　213
はえる　映　21
はえる　榮（栄）　20, 22
はか　墳　238
はかり　衡　93
はかりごと　猷　265
はかる　図　152
はかる　称　140
はかる　量　278
はかる　猷　265
はかる　億　26
ハク　白　221
ハク　伯　221
ハク　帛　217
ハク　魄　221
ハク　薄　222
はく　履　276
バク　莫　222
バク　漠　222
バク　邈　222
はぐくむ　育　15
はげしい　烈　282
ばける　化　37

はこ　匪　228
はこぶ　運　17　19
はし　端　182
はし　橋　53
はじ　恥　188
はじかみ　薑　64
はじめ　初　136
はじめ　孟　260
はじめ　首　130
はじめ　祖　169
はじめ　俶　135
はじめる　始　121
はしら　楹　21
はじる　恥　188
はずかしめる　辱　146
はずす　外　43
はせる　馳　188
はた　秦　147
はた　將（将）　141
はた　端　182
はた　機　58
はたがしら　覇　220
はたらき　用　266　267
ハチ　八　218　222
ハツ　八　218　222
ハツ　法　248
ハツ　發（発）　218　222
ハツ　髪　223
はつ　初　136
バツ　伐　223
はな　華（華）　40
はなつ　發（発）　218　222
はなはだ　太　177
はなはだ　甚　149
はなぶさ　英　20　21
はなやか　華（華）　40
はなれる　離　276
はね　羽（羽）　18
はは　母　244　247
はば　巾　66
はぶく　省　140
はべる　侍　126
はやい　夙　134
はやい　早　171
はやし　林　279
はやまる　早　171
はやる　逸　15
はらわた　腸　192
はり　張　190
はり　箴　148
はる　春　110
はる　張　190
はるか　杳　268
はるか　遐　39
はるか　遥　269
はるか　遼　278
ハン　叛　223
ハン　煩　223
ハン　飯（飯）　223
ハン　繁　219
ハン　磻　223
バン　晩　224
バン　萬（万）　219　224
バン　盤　224

ひ

ヒ　比　227
ヒ　彼　227
ヒ　肥　227
ヒ　卑　227
ヒ　飛　225　227
ヒ　被　227

ひ

読み	漢字	ページ
ひかり	暉	57
ひかり	光	83
ひがし	東	206
ビ	靡	229
ビ	麋	229
ビ	微	229
ビ	麻	229
ビ	美	228
ビ	枇	228
ひ	曦	59
ひ	陽	268
ひ	日	212 / 213
ひ	火	30 / 37
ヒ	碑	228
ヒ	斐	225
ヒ	悲	228
ヒ	疲	228
ヒ	匪	228

読み	漢字	ページ
ひかり	曦	59
ひかる	光	83
ひきいる	率	175
ひきいる	將（将）	141
ひく	抽	189
ひく	退	180
ひくい	卑	227
ひこ	彦	73
ひさしい	久	52
ひじり	聖	162
ひそか	密	254
ひそむ	潜	167
ひそめる	顰	231
ひたい	額	34
ひだり	左	98
ヒツ	必	229
ヒツ	逼	229
ヒツ	筆	230

読み	漢字	ページ
ひつじ	羊	268
ひと	人	149
ひと	仁	149
ひとしい	等	207
ひとしい	鈞	67
ひとつ	壹（壱）	15
ひとり	獨（独）	204 / 209
ひのえ	丙	241
ひのと	丁	190
ひも	纓	22
ヒャク	百	226 / 230
ビャク	白	221
ヒョウ	兵	241
ヒョウ	表	230
ヒョウ	秉	241
ヒョウ	飄	230
ビョウ	平	241
ビョウ	廟	230

読み	漢字	ページ
ひら	平	241
ひらく	啓	75
ひらく	開	32
ひらく	發（発）	218 / 222
ひる	晝（昼）	189
ひるがえす	飄	230
ひろ	尋	150
ひろい	漠	222
ひろい	廣（広）	85 / 93
ひろめる	廣（広）	85 / 93
ヒン	品	226
ヒン	賓	230
ヒン	顰	231

ふ

読み	漢字	ページ
フ	父	235

フ	布	235
フ	扶	235
フ	府	235
フ	阜	236
フ	歩	247
フ	風	233
フ	浮	236
フ	俯	236
フ	婦	236
フ	傅	236
フ	富	236
ブ	奉	232 237
ブ	武	237
ブ	捕	247
ブ	無	255
ブ	舞	233
フウ	封	237
フウ	風	233
ふえ	笙	141
ふえる	増	173
ふかい	深	148
フク	伏	237
フク	服	237
フク	福	234 237
フク	覆	238
ふく	吹	152
ふくろ	嚢	216
ふける	老	285
ふける	更	90
ふける	耽	182
ふさ	房	249
ふさぐ	塞	100
ふさぐ	鬱	19
ふし	節	165
ふじばかま	蘭	273
ふす	伏	237
ふす	俯	236
ふた	蓋	43
ふだ	策	101
ふだ	牋	167
ふだ	牒	192
ふだ	簡	46
ふたつ	二	213
ふたつ	兩(両)	277
ふち	渕(淵)	23
ふち	祿(禄)	286
ふち	緣(縁)	24
フツ	弗	238
ブツ	勿	261
ブツ	物	238
ふで	筆	230
ふとい	太	177
ふところ	懐	42
ふとる	太	177
ふみ	文	238
ふみ	史	121
ふみ	書	137
ふむ	履	276
ふむ	践	167
ふゆ	冬	205
ふる	振	147
ふるい	古	86
ふるい	舊(旧)	61
フン	紛	238
フン	墳	238
ブン	文	238
ブン	分	239
ブン	聞	239

へ

へ	戸	86
ヘイ	平	241

ヘ〜ホ

読み	漢字	ページ
ヘイ	丙	241
ヘイ	兵	241
ヘイ	秉	241
ヘイ	并(并)	241
ヘイ	陛	241
ヘイ	竝(並)	242
ヘイ	弊	242
ヘイ	幣	240
へい	牆	143
ヘキ	壁	242
ヘキ	璧	242
べし	可	37
ベツ	別	242
へや	房	249
へりくだる	謙	80
へる	經(経)	71 / 76
へる	歷	282
ヘン	變(変)	240

読み	漢字	ページ
ベン	弁	242
ベン	勉	243
ベン	辯(弁)	243

ほ

読み	漢字	ページ
ホ	布	235
ホ	歩	247
ホ	捕	247
ホ	畝(畝)	247
ほ	火	30 / 37
ボ	母	244 / 247
ボ	慕	247
ボ	暮	244
ホウ	方	247
ホウ	奉	237
ホウ	法	232 / 248
ホウ	封	237
ホウ	峯	245

読み	漢字	ページ
ホウ	烹	248
ホウ	鳳	248
ホウ	寶(宝)	245 / 248
ボウ	亡	248
ボウ	邸	248
ボウ	忘	249
ボウ	岡	260
ボウ	房	249
ボウ	莽	260
ボウ	紡	249
ボウ	傍	249
ボウ	蒙	260
ボウ	貌	249
ほか	外	43
ほがらか	朗	286
ボク	木	246 / 249
ボク	牧	250
ボク	睦	250

読み	漢字	ページ
ボク	墨	250
ボク	黙	261
ほこら	廟	230
ほこる	矜	63
ほし	星	155 / 162
ほしい	欲	270
ホツ	發(発)	218 / 222
ほっする	欲	270
ほつれ	解	42
ほどこす	施	123
ほとんど	殆	104 / 180
ほまれ	譽(誉)	267
ほめる	賞	142
ほめる	譽(誉)	267
ほめる	讃	102
ほら	洞	208
ほる	彫	191

ほろぶ　亡　248
ホン　本　246 250
ホン　品　226
ボン　煩　223

ま

マ　摩　251
マ　磨　251
ま　目　261
ま　馬　217
ま　眞(真)　148
ま　閒(間)　45
マイ　毎　251
まい　舞　233
まう　舞　233
まが　禍　39
まがう　紛　238
まかす　任　213
まかす　委　12
まがる　曲　65
まき　牧　250
まぎれる　紛　238
まげる　矯　64
まご　孫　170
まごころ　忠　189
まこと　信　116 117 147
まこと　眞(真)　148
まこと　誠　162
まことに　寔　145
まさ　正　160
まさに　方　247
まさに　多　177 180
まさに　將(将)　141
まさに　當(当)　207
まさる　勝　113
まじる　交　89
まじわる　接　165
ます　益　22
ます　増　173
ますます　益　22
また　亦　22
まつ　松　139
まつ　待　178
まったく　全　159
まつり　祭　99
まつりごと　政　154 161
まつる　祀　122
まつる　祭　99
まと　的　198
まなぶ　學(学)　44
まにまに　隨(随)　153
まねく　招　139
まみえる　見　71 72
まもる　守　107 130
まり　鞠　60
まる　丸　47
まるい　丸　47
まるい　圓　25
まろうど　賓　230
まわり　周　132
まわる　回　40
マン　萬(万)　219 224
マン　滿(満)　251

み

ミ　美　228
み　子　120
み　身　147
み　御　88
み　躳(躬)　61
みがく　磨　251
みかど　帝　198

読み	漢字	ページ
みぎ	右	18
みこと	命	256 257
みこと	尊	170 175
みことのり	敕(勅)	193
みさお	操	172
みじかい	短	182
みず	水	151 152
みずから	自	125
みずから	身	147
みせ	肆	124
みそか	晦	41
みたす	盈	21
みたす	滿(満)	109 132
みたまや	宗	230
みたまや	廟	205
みち	途	279
みち	倫	208
みち	道	202

読み	漢字	ページ
みち	路	285
みちびく	導	203
みちる	充	134
みちる	盈	21
みちる	滿(満)	251
ミツ	密	254
みつぎ	税	163
みつぐ	貢	92
みどり	翠	153
みな	皆	41
みなしご	孤	87
みなみ	南	211
みなもと	源	74
みね	峯	245
みのり	年	214
みみ	耳	125
みや	宮	60 61
みやこ	京	63

読み	漢字	ページ
みやこ	府	235
みやこ	洛	272
みやこ	師	123
みやこ	都	205
みやつこ	造	173
みやび	雅	40
ミョウ	名	257
ミョウ	命	256 257
ミョウ	明	252 253 254
ミョウ	妙(妙)	252 257
ミョウ	冥	257
みる	見	72
みる	瞻	168
みる	觀(観)	47
ミン	民	254
ミン	眠	254

む

読み	漢字	ページ
ム	務	255
ム	無	255
むくろ	骸	43
むしろ	席	164
むしろ	筵	24
むしろ	寧	214
むす	蒸	144
むずかしい	難	211
むすぶ	納	47
むすぶ	結	78
むち	策	101
むつまじい	睦	250
むつむ	睦	250
むなしい	空	69
むなしい	虚	62
むなしい	曠	94

むね　宗　109 132
むべ　宜　59
むら　邑　264
むら　村　169
むらさき　紫　124
むらじ　連　282
むれ　羣(群)　70
むれる　羣(群)　70

め

め　女　111 138
め　目　261
メイ　名　257
メイ　命　256 257
メイ　明　252 253 254
メイ　冥　257
メイ　盟　257
メイ　鳴　257
メイ　銘　257
めかけ　妾　139
めぐみ　惠(恵)　76
めぐむ　惠(恵)　76
めぐむ　寵　193
めぐらす　回　40
めぐる　周　132
めぐる　徊　41
めぐる　旋　158
めぐる　運　17 19
めぐる　圜　25
めぐる　環　46
めし　飯(飯)　223
メツ　滅　258
めでる　愛　9
メン　面　258
メン　緜(綿)　258

も

モ　母　244 247
モ　茂　260
も　裳　142
モウ　亡　248
モウ　毛　260
モウ　罔　260
モウ　孟　260
モウ　莽　260
モウ　蒙　260
もうける　設　165
もうす　白　221
モク　木　246 249
モク　目　261
モク　黙　261
もぐる　潜　167
もし　若　129
もすそ　裳　142
もだす　黙　261
モチ　勿　261
もちいる　用　266 267
もちいる　庸　268
モツ　物　238
もつ　持　126
もって　以　12
もっとも　最　99
もてあそぶ　翫　48
もと　下　75
もと　本　246 250
もと　素　171
もと　資　124
もとい　基　56
もとづく　基　56
もとめる　求　60
もとめる　索　101

もとる　弗　238
もの　物　238
もの　者　128
もののふ　武　237
もも　百　226　230
もよおす　催　100
もり　守　107　130
もり　杜　205
もり　傳　236
もる　盛　155　162
もろこし　唐　206
もろもろ　庶　137
もろもろ　諸　138
モン　文　238
モン　門　259　261
モン　問　261
モン　聞　239

や

ヤ　也　262
ヤ　夜　262
ヤ　野　262
や　八　218　222
や　也　262
や　乎　86
や　矢　121
や　哉　98
や　屋　26
や　家　31　38
やから　屬（属）　175
ヤク　亦　22
ヤク　約　262
ヤク　益　22
ヤク　躍　262
やぐら　樓（楼）　286
やさしい　易（易）　10　12
やさしい　優　265
やしなう　牧　250
やしなう　養　269
やしろ　社　106
やすい　安　9
やすい　易（易）　10　12
やすい　泰　180
やすい　廉　282
やすい　綏　152
やすい　寧　214
やすい　賤　167
やすらか　安　9
やすらか　恬　199
やすらか　康　92
やすらか　惵　186
やつ　八　218　222
やど　舎　106　128
やど　宿　135
やどる　舎　106　128
やどる　宿　135
やどる　寓　69
やぶれる　毀　57
やぶれる　弊　242
やまなし　杜　205
やまなし　棠　207
やまびと　仙　166
やむ　息　174
やめる　止　120
やめる　辭（辞）　127
やもめ　寡　39
やや　良　275　277
やる　遣　80
やわらぐ　和　288

ゆ

ゆ　湯　207
ゆあみ　浴　269
ユイ　惟　13
ユイ　維　15
ユウ　友　264
ユウ　右　18
ユウ　有　264
ユウ　邑　264
ユウ　攸　264
ユウ　猶　264
ユウ　遊　264
ユウ　猷　265
ユウ　熊　263
ユウ　輶　265
ユウ　優　265
ゆう　夕　163
ゆう　結　78
ゆえ　故　87
ゆか　牀　139
ゆく　之　120
ゆく　如　138
ゆく　徃(往)　28
ゆずる　禪(禅)　168
ゆずる　讓(譲)　144
ゆだねる　委　12
ゆび　指　123
ゆるす　釋(釈)　129

よ

ヨ　飫　267
ヨ　與(与)　267
ヨ　餘(余)　267
ヨ　豫(予)　267
ヨ　譽(誉)　267
よ　世　160
よ　夜　262
よい　令　281
よい　吉　60
よい　好　90
よい　良　275 277
よい　佳　37
よい　美　228
よい　淑　135
よい　善　168
よい　義　52
よい　嘉　39
ヨウ　用　266 267
ヨウ　羊　268
ヨウ　杳　268
ヨウ　要　268
ヨウ　容　268
ヨウ　庸　268
ヨウ　陽　268
ヨウ　葉　269
ヨウ　遥　269
ヨウ　養　269
ヨウ　颻　269
ヨウ　耀　269
よう　八　218 222
ヨク　浴　269
ヨク　欲　270
よく　克　94
よくする　能　215 216
よこ　横　28
よし　吉　60
よし　義　52
よつ　四　120
よつぎ　嫡　188
よみする　嘉　39
よむ　詠　21

よむ 讀(読) 209
よめ 婦 236
より 自 125
より 從(従) 134
よりどころ 據(拠) 62
よる 因 16
よる 夜 262
よる 寓 69
よる 據(拠) 62
よろい 甲 89
よろこぶ 欣 66
よろこぶ 悦 23
よろこぶ 説 166
よろこぶ 慶 77
よろこぶ 歡(歓) 47
よろしい 宜 59
よろず 萬(万) 219 224
よわい 弱 129
よん 四 120

ら

ラ 羅 272
ラ 騾 272
ライ 礼 281
ライ 來(来) 272
ライ 雷 271
ライ 賴 272
ライ 麗 281
ラク 洛 272
ラク 落 272
ラク 樂(楽) 33 44
らば 騾 272
ラン 藍 273
ラン 蘭 273

り

リ 李 276
リ 利 276
リ 理 276
リ 履 276
リ 離 276
リキ 力 279
リチ 律 277
リツ 立 274 276
リツ 律 277
リツ 率 175
リュウ 立 274 276
リュウ 流 277
リュウ 龍 274 277
リョ 呂 285
リョ 慮 277
リョウ 令 281
リョウ 良 275 277
リョウ 兩(両) 277
リョウ 凌 278
リョウ 涼 278
リョウ 量 278
リョウ 寥 278
リョウ 領 278
リョウ 遼 278
リョウ 龍 274 277
リョウ 糧 279
リョウ 靈(霊) 280 282
リョク 力 279
リン 林 279
リン 倫 279
リン 臨 279
リン 鱗 279

る

ル　流　277

れ

レイ　礼　281
レイ　令　281
レイ　聆　281
レイ　領　278
レイ　黎　281
レイ　隷　281
レイ　麗　281
レイ　靈（霊）　280 282
レキ　歴　282
レツ　列　282
レツ　烈　282
レン　連　282
レン　廉　283
レン　輦　283

ろ

ロ　呂　285
ロ　路　285
ロ　露　285
ロ　驢　285
ロウ　老　285
ロウ　陋　285
ロウ　郎　284
ロウ　朗　286
ロウ　廊　286
ロウ　勞（労）　286
ロウ　樓（楼）　286
ロク　勒　286
ロク　祿（禄）　286
ろば　驢　285
ロン　論　287

わ

ワ　和　288
わ　環　46
わかい　叔　134
わかい　若　129
わかれる　別　242
わきまえる　辯（弁）　243
わける　分　239
わざ　藝（芸）　77
わざわい　禍　39
わずか　才　98
わずか　寸　153
わずかに　微　229
わずらう　煩　223
わすれる　忘　249
わた　緜（綿）　258
わたどの　廊　286
わら　稾（稿）　93
わらう　笑　140
わらわ　妾　139
わるい　悪　9
われ　我　40

告知！

本書に掲載の龍鳳神字を、ある形にして所持（携帯も可能）できるよう、読者の方々に向けて個別に制作・販売することを検討しております。詳細は、令和2年11月16日に下記URLにて開示する予定です。ご興味のある方は、ぜひアクセスしてください（下記QRコードからもアクセスできます）。

URL → https://inquiry.hachiman.com/ryuhou/

【監修者紹介】

大宮司朗

霊的環境下に生を享け、幼少の頃より霊学、古神道を研鑽し古社、霊地、霊山を歴訪し、霊格向上、神明との霊的感通に努める。太古真法（斎宮神法）、幽真界から齎された各種神法道術に通暁し、現代日本における玄学の第一人者。後進にその道筋を付けるべく著述に励む傍ら霊縁ある人々の指導に当たる。同時に惟神の武道としての大東流を長年にわたり研究、かつまた修練し、その成果として会得したところの秘伝技、また玄妙なる合氣の奥儀を直接伝授している。
現在は古神道を伝授することを主たる目的とした玄学修道会、大東流合氣柔術を教伝することを目的とした大東流玄修会、両会の主宰者として活動。主な著書に、『太古真法玄義』『玄秘修法奥伝』『神法道術秘伝』『玄想法秘儀』『言霊玄修秘伝』『増補 霊符の呪法』『真伝合気口訣奥秘』『神易玄義』等がある。

宮《みや》地《じ》水《すい》位《い》伝《でん》 **龍《りゅう》鳳《ほう》神《しん》字《じ》秘《ひ》典《てん》**

2020年11月11日　初版発行

監修者　大宮司朗©
発　行　八幡書店
　　　　東京都品川区平塚 2-1-16 KKビル５F
　　　　TEL：03-3785-0881　FAX：03-3785-0882
印　刷　平文社
製　本　難波製本

装　幀　齋藤視倭子

ISBN978-4-89350-840-9 C0014 ¥2800E

古神道系の修法を網羅した実践本位の決定版！

神法道術秘伝

大宮司朗＝著

本体 12,000 円＋税

A5判 上製 クロス装幀 函入

神社参拝、神棚拝礼、斎戒について説明した**「神拝法要義」**、神法道術の基本である呼吸法、鎮魂法等について詳述する**「古神道行法秘鍵」**、「紙定めの伝」並びに未公開の重秘の神折符を紹介した**「太古真法略伝」**、天津菅曾・金木による占法、神典解釈法を解説した**「天津金木運用秘義」**、石笛の由来、探し方、吹き方を説明した**「天岩笛伝」**、神通力を増大する神通符をはじめ各種霊符を紹介する**「神通霊符拾遺」**を収録。また、**「神法道術類纂」**の章では、天地の間に旋転する浮宝を係留せしむる五元之浮宝伝、人形を用いて、想う異性の関心を自分に向けさせる恋愛成就秘法、危篤の病者といえども神験がある**神伝言寿魂返法**、宮地神仙道秘伝で、未来や運勢を知りたい人が沐浴斎戒して行う**我運顕現秘法**、五岳真形図の正しい祭祀による願望成就の秘伝**五岳真形図祭祀法**、悪念妄想の幽鬼「三尸」を除去する**庚申秘詞伝**等を収録。

古神道最奥秘事「神折符」の秘伝書

第二版

太古真法玄義

大宮司朗＝著

本体 15,000 円＋税

A5判 上製 クロス装幀 函入

宮中祭祀とも関係する古神道最高最奥の秘事「太古真法」。その太古真法の「神折符」の調製法ならびに活用法を公開した画期的な秘伝書。神折符は、清浄な和紙を一定の玄則に従って折ることによって、神界との気線を繋ぎ、宇宙の玄気を操作する秘法で、古代伊勢の斎宮にはじまり、その後はいくつかの系統に分かれて現代まで口伝で伝えられている。本書では、清め包みの秘法をはじめ、願望成就符・除災招福符・蓄財符・商売繁盛符・病難除符・恋愛成就符など、貴重無類の神折符 24 符を厳選収録、作成法を図解入りで指導。また、言霊、神道祭式、古武道、気学などにも広く言及する。

霊視術・夢見の法から脱魂・霊胎結成・識神駆使まで

玄想法秘儀

大宮司朗＝著

本体 12,000 円＋税

A5判 上製 クロス装幀 函入

玄想法とは、幽体を解き放ち、現幽神三界を探訪したり、夢を自在にコントロールして予知や霊視など覚醒時には抑制されている潜在能力を引き出す秘法である。本書は、玄想法にもっとも通じておられた神人・宮地水位大人の霊著『霊胎凝結口伝』『神仙霊感使魂法訣』『神仙導引気訣』を中核とし、「目に見えないものを見、耳に聞こえないものを聴く」玄想法の秘義──玄夢駆使法、鎮魂鳥居之伝、神折符玄想法、ス字感想法、玄気霊視法、水晶球玄視法、幽体顕現法、識神生成法、山相秘伝など、見えざるを見、聞こえざるものを聴く妙法を集大成。

古神道の霊符および秘印百法を公開！

玄秘修法奥伝

大宮司朗＝著

本体 12,000円＋税

A5判　上製　クロス装幀　函入

応験抜群の秘密霊符を百符収録

霊符浄書の際の筆墨紙の選び方、浄書に必要な天之真名井水の作り方、不要となった霊符の処分法といったことから、浄書の秘訣や筆順、霊符の包み方、霊符観想凝念法、霊符開眼神法等の特殊神法に到るまで懇切丁寧に指導。また、霊災除符、生霊不来符、祓霊符、妖気除符、呪詛返しの符、招福符、招財符、長寿符、治百病符、諸病一粒符、速治符、商売繁盛符、大願成就符、子孫長久符、男女縁・長久和合符、男と縁を切る符、縁切符など約百符を収録。

幻の古神道の印法を親切な図解入りで公開

富貴印・諸業成就印・除災印・除病印など、日常生活でただちに活用できる印、神社参拝に用いて霊験抜群の清浄利仙君直授の密印、お土取り・お水取り・家相など気学方面に応験のある五元神印、運気の転換をもたらす相生印、霊的結界を構築する注連印・注連引外堅印、特定の神霊に感応する伊邪那岐大神印・天照大御神印・日神降神印・月読神印・龍神印、神降ろしの降神印などを一挙に大公開。

誰でも実践できる霊力賦活の大秘法！

言霊玄修秘伝

大宮司朗＝著

本体 12,000円＋税

A5判　上製　クロス装幀　函入

誰でも出来る言霊行法の実践を親切に指導！

古来、言霊の秘密をつかんだ者は、一声のもとに天地をゆるがし、一言のもとに風雨・雷電を自在に駆使する恐るべき奇蹟をあらわすとされてきた。かの弘法大師空海、あるいは出口王仁三郎、植芝盛平も言霊の力によって様々な奇蹟を顕した。本書は、その驚異の言霊パワーを発動させる実践修法を初公開した画期的な秘書。本書の指導に従い、まず言霊息吹の法をしっかりとマスターすれば、一言、三言、五言さらには和歌の形式で言霊が発せられ、自分の未来を占い（言霊神呪法）、願望をかなえる技法（言霊神感法）を確実に身につけることができよう。

> **特別付録**
> 「真寿美の鏡」の図
> 天津金木盤 〔布仕様・カラー〕

無限の奇跡をあらわす言霊秘法の数々！

言霊の力によって自分または他者の病を癒し（言霊治療法）、言霊の力によって簡単に霊符の験力を増強し（霊符活元言霊大秘法）、言霊によって霊力を発現し、その霊力を空間を隔てて第三者に感通せしめ、あるいは陶器、金属、紐、糸などの物質に宿らせ、それに接触せる第三者に感応せしめ（霊感玄通法）、言霊によって霊風を起こす（霊風発玄法）ことも容易にできるようになる。また「言霊活用妙法篇」には、商売繁盛、事業繁栄、諸事必勝、能力発揮、諸願成就などの目的別に霊験を発揮する言霊妙法を収録。

読むだけで気線が結ばれる幽真界の実記録！

異境備忘録／幽界物語

宮地水位＝著　　参沢宗哲＝編　島田幸安＝述

本体12,000円＋税　　A5判　上製　クロス装幀　函入

生身の肉体をもって現界と異境を往復し、地上幽真界
の大都・神集岳神界に仙階を得た驚異の神人が、異界
の状況・秘事をつぶさに記した驚愕の実記録。神仙・
天狗の霊力や行法とその生活、神仙界・天狗界（山人界）・
仏仙界・魔界など幽界の階層、中国・西洋の神仙界の
組織、幽界の書庫・玄台山の神書神経、幽界の中府・神集嶽神界の形状、顕界
と幽界の関係など、幽界の秘密に属する空前の実録が満載。秘伝書『幽界記』
も併収。また、幽冥界探究の重秘の文献『幽界物語』をも併せて収録。

宮地神仙道――初歩から奥義までを懇切に説く

宮地神仙道玄義　**本体13,000円＋税**

A5判　上製　クロス装幀　函入

清水宗徳＝著　大宮司朗＝監修

宮地神仙道中興の祖・清水宗徳先生が龍窟に秘蔵せられた未公開の伝書・密書・
道書をもとに、宮地神仙道の初歩から奥義までを精緻に解き尽くす。五岳真形
図の秘義、神仙守庚申法、鎮魂秘義、鎮魂不死の法、尸解の秘法、切火祓い、
霊符調製の心得、天狗駆使法、魂魄秘妙感想図などなど縦横無尽に秘義を語り、
これ1冊で宮地神仙道のほぼすべてを概観できる重宝な秘書である。

唱えるだけで運気転換・大望成就！
大祓詞から宮地神仙道の秘呪まで網羅！

古神道祝詞集　大宮司朗＝監修

本体 3,800円＋税
経本

大祓詞、禊祓詞、三種祓、六根清浄太祓はもとより、伯家、吉田家、橘家などの伝
書にみえる一般には知られていない古伝の秘詞、宮地神仙道の祝詞、神仙感応経、
さらに宮地水位大人の未公開の秘呪を収録。日々の朝拝、夕拝から諸社参拝、大願
成就の祈祷までほぼ完璧に対応。

禊祓詞（平田篤胤伝、神祇伯家伝、吉田家伝）／大祓詞／三種太祓／ひふみ神文／天の数歌
／招神詞／送神詞／最要中臣祓／三科祓／鳥居祓／通拝詞／一切成就祓／六根清浄太祓／五
行祈祷祝詞／五形祓／手水の呪／気吹祓／除悪夢祓／稲荷大神秘文／五狐神祝詞／三雲祓／
神棚拝詞／産土神拝詞（一般、宮地神仙道伝）／祖霊拝詞（平田篤胤伝、宮地神仙道伝）／
霊鎮祓／諸社神拝詞／十種布留部祓／道士毎朝神拝詞／五元之浮宝秘詞（宮地水位伝）／年
災除祝詞／祈念詞（紫龍仙伝）／手箱神山通拝詞（宮地神仙道伝）／向北辰唱秘言（宮地常
磐伝）／神通秘詞（宮地水位伝）／神仙感応経（太上感応篇）

禁断の古神道秘術をビデオで大公開 !!

付録：十種神宝霊図

十《と》種神宝《くさのかむたから》秘《ひ》玄《げん》

大宮司朗＝監修

本体6,800円+税
DVD　カラー 45分

DVD

遥かなる太古、天上界よりもたらされた「とくさのかむたから」。死者をも蘇生させるという凄まじい霊験をもつその秘法を映像メディアで初めて公開。古神道修道士たちにより密かに伝承されてきた鎮魂修法の神髄を、神道霊学・霊術界の巨匠・大宮司朗先生が特別伝授。十種神宝の秘印の結び方から自修・他修の鎮魂法まで、映像を通じて詳しく指導を受けられる。さらに後半部では、大宮司朗先生自ら「十種神宝・奥の伝」を以てビデオ画面の背後から視聴者に玄気を注入、霊気の充溢した秘儀空間を仮想現実的に再現する。

神折符を初心者にも懇切丁寧に伝授する決定版！ DVD

太古真法神符秘伝

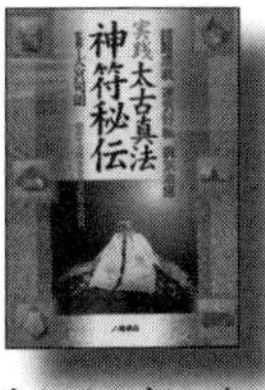

大宮司朗＝監修　本体6,800円+税　DVD　カラー 50分

『太古真法玄義』発刊以後、図解だけではわかりにくいので直接指導してほしいというご要望が多数寄せられたため、大宮先生に監修をお願いし、制作したビデオ。折り符作法上の注意から紙合わせの伝、実際の折り方まで懇切丁寧に指導、初心者にもわかりやすい構成になっている。収録折符は、供物敷、清め包みなど基本的な神符を除き、書籍『太古真法玄義』には収録していない秘伝の神符が中心。護身符、厄除祀符、病符、魅了符、成就符、親和符、変転符、盗難除符などを収録。

観想法から占術まで　幻の古神道フトマニの秘器！

天津金木セット

大宮司朗＝修法

本体 21,000円+税

木曽産高級檜40本組
観想用カラーシート

天津金木は、「天沼矛」を象った伊勢神宮の「心の御柱」を25分の1に縮尺した4分角2寸の方柱であり、その側面には青、赤、緑、黄の色が塗られている。一柱の「天津金木」は大宇宙の縮図、すなわち一個の小宇宙であり、同時にその運転操作は神々の神業霊動をそのままに写映するものである。従って天津金木に通暁する者は、神典「古事記」の玄義を解読し、宇宙の造化生成、森羅万象の真象を知るはもちろんのこと、宇宙の過去・現在・未来のすべてを霊的に追体験することが出来るとされる。この天津金木は、色を利用した瞑想である「観想法」と、天津金木を二本組みあわせて占断する「占術」にまで応用できる。

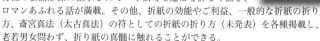

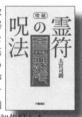

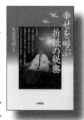